種因得果

人種的是什麼，收的也是什麼。
——《加拉太書》第六章7節

SOWING AND REAPING

Whatever a man sows that shall he also reap.
(Galatians 6:7)

UPDATED EDITION

Dwight L. Moody

種因得果

人種的是什麼，收的也是什麼。
——《加拉太書》第六章7節

作者：慕迪（美）
譯者：呂平

ANEKO PRESS

種因得果 (Sowing and Reaping)

如無特別註明，中文聖經均為和合本現代標點版

Translator: Ping Lue

Aneko Press
www.anekopress.com
Aneko Press, Life Sentence Publishing, and our logos are trademarks of
Life Sentence Publishing, Inc.
203 E. Birch Street
P.O. Box 652
Abbotsford, WI 54405
RELIGION / Christian Life / Spiritual Growth
Paperback ISBN: 979-8-88936-231-9
eBook ISBN: 979-8-88936-232-6
10 9 8 7 6 5 4 3 2 1
Available where books are sold

目錄

第一章

種因得果[1]

不要自欺，神是輕慢不得的。人種的是什麼，收的也是什麼。順著情慾撒種的，必從情慾收敗壞；順著聖靈撒種的，必從聖靈收永生。

——《加拉太書》第六章7–8節

我想，上面的這段經文所包含的真理，無論是不信者或懷疑論者都不敢否認。神的話語（聖經）中有些信息，憑我們的日常生活就可以證實，用不着任何其他的旁證。這段造因得果的真理便是其中之一。即便聖經被廢除不復存在，上面經文中的話也會被我們身邊不斷發生的事充分證實。我們衹需看看新聞，這樣的事層出不窮地在我們眼前出現。

1 種因得果，成語為「造因得果」。譯者認爲前者較為通俗，故選作書名。譯文中則兩者交替使用。

我記得，有一次我在讀這段經文時，有個人從聽眾席站起來說，「我不相信這話。」

我說，「我的朋友，無論你相信與否，真理還是真理，謊言還是謊言。」

他堅持不信。結果，當會議中途休會時，有個警察等在門口將他逮捕。之后，他因偷竊被起訴，最終被判坐牢十二個月。我估計，當他關在牢裏時，他應該意識到他是咎由自取。

想要抹去聖經中的這一真理，還不如試圖抹去從天上來的日光一樣。這真理是天上的旨意。這條律法自神創世以來已執法六千年。在把亞當逐出伊甸園前，神豈不是讓亞當自嘗其果？難道該隱不是在伊甸園外自食其果？（參　創 3，4）人人都將種什麼收什麼，哪怕是寶座上的君王，如大衛，或是站在祭臺后面的祭司，如以利。祭司和先知，講道的和聽道的，所有的人都必種因得果。十年前我就深信這一點，今天，我更是深信百倍。

我的着述適用於個人，無論是聖人、罪人，還是自以為是聖人的偽君子。它也適用於家庭、社會和國家（民族）。造因得果的這一法則對於個人和國家都適用。的確，有人曾說過，所有的國家（民族）將來都不復存在，這個世界是唯一懲罰國家的地方。我們來看看神是如何對待國家

（民族）的。我們來考察一下他們是否種什麼收什麼。以亞瑪力人為例：*你要記念你們出埃及的時候，亞瑪力人在路上怎樣待你：他們在路上遇見你，趁你疲乏困倦擊殺你儘後邊軟弱的人，並不敬畏神*（申 25：17-18）。亞瑪力人擊殺以色列人的結果是什麼？難道沒有被懲罰嗎？神命定亞瑪力人種因得果，結果在掃羅作以色列王的時期，亞瑪力人幾乎被滌除殆盡。

世上的君王和皇帝結果如何？是什麼導致巴比倫的頹廢？是因爲巴比倫的王和臣民抵抗神，毀滅便降臨其身。希臘和它昔日的强盛到哪裏去了？曾几何時，希臘一統天下。羅馬及它不可一世的豐烈偉績如今何在？當她的污穢之杯滿了這後，就被砸在地上摔個粉碎。猶太人的光景如何？他們拒絕救贖，迫害神的使者，將救贖者釘上十字架，結果我們看到，差不多有超過一百萬的人曾一次滅亡。

我們來看看這個國家（美國）的歷史。儘管聖經不被封殺、人人知曉，我們的國父們卻允許奴隸制的存在。最終報應臨到，無論是北方還是南方，幾乎沒有一家不為家裏的親人亡於戰爭而悲傷哀悼。

舉法國爲例。據説一個世紀前，法國人每年花幾百萬美金出版發行與聖經原則和基督教相違背的文藝作品。收穫如何？法國沒有種因得果？請注意其結果：聖經遭封壓。神遭否定。地獄之門大開。一七九二年九月至一七九五年十二月之間，超過一百萬人被砍頭，槍殺，淹死，或以其它方法處死。從那以後，八年之中法國爆發了十三次革命，平均每九個月政府就改換一次。巴黎有三分之一的嬰兒是非正常婚姻出生。僅一年内就有一萬名剛出生的嬰兒從城市下水道裏被打撈起來。法國的人口增長率正在減少。巴黎的人口自殺百分比高於西方任何一個城市。自法國革命[2]以來，在巴黎街上因各種騷亂被殺的法國男女公民，每年已達到兩千五百人左右！

當保羅給加拉太人的信中將種因得果的观念表達出來時，這一原則在聖經中或人類歷史中并非是什麼新鮮的創造。保羅以簡單明了的文字將其表達，但我們如果將它說得更正規一點的話，種什麼，收什麼的法則也就是因果律，报應法則，或补償法則。我現在的目的不是要來對這一法則進入一場哲學性的辨論——彷彿這些名詞都可以引起一場討論。我們親眼目睹此律的存在。而且是一個不爭的事實。懷疑論者鷄蛋裏面挑骨頭，竭力發現聖經中所謂的錯誤並加以批評，但他們

2　法國革命（French Revolution），亦稱法國大革命，爆發於1789年5月。

都不得不承認種因得果這個真理。它不依賴於啟示性的支持。哲學家們對它的贊同不是因為它是什麼標新立異的東西。

律的至高性

然而，異議可以成立；種什麼收什麼的法則雖然在物質世界中應用自如，但在道德精神世界則不是十分確定。確切地說，正是這一點，現代研究可以來幫助解決。現代研究表明，道德精神世界的法則從多方面來說，是和物質世界的法則相吻合。事实確實如此，形而上學的觀點認爲是精神首先存在，然後才有物質世界，當神創造世界的時候，祂是按祂早已設計好的模型來造的。

基本來說，神將神聖的法則自高而下地傳到自然界，自然界成爲超自然界的一個實體，一個肉眼能見的表象，一個運作模型。在精神世界，有跟物質世界同樣的輪子在轉，衹是輪子無形而已。

因此，我們整個人生是與神所建立的法則相聯結，由神的法則掌管；無論是肉體還是精神，一個人種什麼，收什麼是一個能夠很容易遵行並監察的法則。可以確定，罪得惡收和義得善收遵循種麥得麥、種稗得稗同樣的自然律。

生命非隨意，且有因果

我們繼續往下討論時，會看到這一法則在聖經歷史的最初階段就已應驗。約伯的三位朋友推斷約伯必定是極大的罪人，因爲他們理所當然地認爲，約伯遭受如此大的災難一定是他邪惡詭詐的結果。約伯的朋友以利法說，*請你追想，無辜的人有誰滅亡？正直的人在何處剪除？按我所見，耕罪孽、種毒害的人，都照樣收割。*（伯 4：7-8）

在《箴言》這本書中，我們發現經文是這樣寫的：*惡人經營，得虛浮的工價；撒義種的，得實在的果效*（箴 11：18），接著，*撒罪孽的必收災禍*（箴 22：8）。

在《以賽亞書》裏，我們讀到的經文是：*你們要論義人說，他必享福樂，因為要吃自己行為所結的果子。惡人有禍了！他必遭災難，因為要照自己手所行的受報應。*（賽 3：10-11）

何西阿預言以色列說，*他們所種的是風，所收的是暴風*（何 8：7）。然後他奉勸他們，*你們要為自己栽種公義，就能收割慈愛*（何 10：12）。

類比教導

聖經裏以自然界為類比的例子比比皆是。基督在世時，祂最喜愛的教導方法就是將屬天的真理通過地上事物來表達。

> 從祂口裏傳講出來的真理，不是簡簡單單權威性的斷論，而是基於對天地萬物的類比。祂那人性的思想與神性的思想完美和諧，結合在一起，共同辨別事物之間的聯繫，以最簡單的自然法則來解讀永恆的意志。舉例來説，假如問題是，神是否將祂的靈賜給那些求問的人，祂的回答不是以權威宣告的真理，而是基於所有的人都能眼見的活生生現實的事物：「看那空中的飛鳥」；「看那地上的百合花」——從中得到答案。一個基本真理就蘊藏在這些活生生的現實之中：即神供應祂創造之物的需要。祂喂養空中的飛鳥。祂給百合花穿上美麗的衣裳。祂必將聖靈賜給祂的兒女那渴慕的心靈。[3]

保羅在他的《加拉太書》中也采用了同樣的教導方法。他以人人皆知的造因得果來推理，闡明深邃的靈命和倫理意義。保羅就好像在說，每個人在走過生命的旅程中，他每一步都在撒種。種子包括他的思想，言語，和行爲。這些種子都從他

3 原注：摘錄於英國牧師弗雷德里克•W·羅伯遜（1816-1853）在1849年十二月15日的一篇講道，題目為「靈收的基本原則」。有關羅伯遜的一件趣事，據説他可以將聖經新約用英語和希臘文背诵下來。

一路撒過來，而且時辰一到（雖有遲有早），種子就發育成長結成果子，收割的時候也就到了。

人生即是撒種

人生即是撒種這一譬喻含有非常嚴肅的教訓。人的一生被視爲是播種的日子。每個人都有一塊地用來撒種，培育，最後來收割。我們以我們的生活習慣，跟朋友和同伴的交往，以及受的影響的好壞，為將來的收割來培育種子。種子成長發展的過程，雖然我們看不到，但時間會將其揭曉。

正如種子的好壞對全面豐收有著潛在的決定因素，邪惡或聖潔的行爲潛在地決定罪或聖潔最終該得的結果。*私慾既懷了胎，就生出罪來；罪既長成，就生出死來*（雅 1：15）。

正如我們若沒有撒下良種就不會有丰收，我們若沒有聖靈的種子就不可能得永生。雜草易長。雜草用不着耕種就瘋長，罪也很自然地從人心中冒出來。自從我們始祖脫離神以後，人的心已徹底污穢，所結的果子也是邪惡。*所以世人滿心作惡*（傳 8：11）。你對此懷疑？假如是的話，請你捫心自問，如果讓一個小孩自生自滅，沒有訓練，沒有指導，更沒有教育，他將成爲什麼樣的人？甚至，儘管孩子們受訓練、指導和教育等所有這一切，邪惡還常常占上風。良種必須經耕植和看顧，並常常有勞苦和煩惱相伴；但是，最終定有豐盛的收穫。

當我們處在試煉之中時，我們是否渴望得到自己同胞們的愛？那麼，當我們的同胞們最需要鼓舞人心的支持時，我們就必須愛他們。我們在悲傷和痛苦中渴望得到同情嗎？如果我們與哭泣的人同哭，我們就會得到同情（參 羅 12：15）。我們渴望得到永生嗎？那麼我們絕不能順著肉體撒種，否則我們會收割敗壞。反之，我們必須順著聖靈撒種，這樣我們才將獲得應許，收穫聖靈不朽的果實。

托馬斯・查默斯博士[4]以下文來提請注意播種與收割之間的區別：

> 需要注意的是，放縱肉體的行為是一回事，而提供放縱肉體行為是另一碼事。當某人，在突然衝動下挑釁，將他的怨恨情緒發洩在冒犯了他的鄰居身上時，他並不在為放縱肉體情慾做準備，而實際上是在恣意放縱。他不是在播種，而是在收割（事實就是這樣）那滿足他情慾的果實。這樣的區別有助於我們來判斷某些人的不敬虔程度。

4　托馬斯・查默斯（Thomas Chalmers，1780 - 1847），蘇格蘭牧師，神學教授。

那些恣意尋歡作樂者，以及所有那些心理素質軟弱以致成為各種邪癖奴隸的人，都生活在無止境的犯罪享樂的收割中。

舉一個女兒爲例，她唯一的樂趣就是如走馬燈一樣享儘靥世的浮華。她耗盡心思，無時無刻地嘗試她那動蕩社會輕浮和充滿魔力的東西——她過著一種為即將到來的審判或永恆做準備的生活截然相反、無法想像的生活；然而，她是在收割而不是播種。

在她未成人之前，有人為她攢錢購買所有她要的東西，而她則品嚐購買的果子。那攢錢購買東西、播種的是她父親。正是他，生怕沒錢滿足女兒的要求而忙碌焦慮，也許是因為操心，滿臉皺紋。然而，他那長年纍月、嘔心瀝血的奉獻，最終得到的卻是女兒的貪圖享樂，這使他極度厭惡那浮華無聊的時尚生活。

父親撒種，他的收割是他女兒貪圖享樂的生命。

為永恆而畫

阿佩萊斯（Apelles），古希臘畫家，以對他的畫畫精益求精出名。當有人問他爲什麼要那麼仔細費事，他回答說，「因爲我是在為永恆而畫。」

想到未來是現今撒種的結果是一件很嚴峻的事——我死去的那片刻竟取決於我今日之行！相信有一個未來的生命，相信有即將到來的審判更擴大了現今的重要性。未來的事情取決於這個認知。撒種的機會不會永遠存在；它一點一點地從我們的手指縫間流失，而將來衹是揭開今天撒種的結果。

有一位雕塑家領一位拜訪者參觀他的工作室。工作室裏面堆滿了許許多多的諸神像。其中一座像特別有意思。長髮遮住它的臉，每隻脚上有翅膀。

「它叫什麼名字？」來訪者問。

「機會，」雕塑家答道。

「爲什麼它不露臉？」

「因爲當它到來時，人們常常不知道它是什麼。」

「爲什麼它的脚上有翅膀？」

「因爲它很快就消失了，一旦消失，就不會再來了。」

當神賜給我們機會時，我們應當好好利用才是智慧的。這取訣於我們自己如何看待未來。我們可以為將來丰盛的收穫來撒種培育，我們也可以像蘇族印第安人（Sioux Indians）那樣，有一年，當美國印第安事務專員送了一些小麥種子讓他們播種，結果他們把種子全給吃掉了。人們常常犧牲未來，來換取如過眼雲烟、一瞬間的快樂享受。他們不知道，或者忽視，未來取決於今日這樣的一個真理。

我們所做的一切都至關重要

從以上的題目我們知道，世上沒有所謂的虛度光陰的事情。如同撒下的種子一定會有收獲一樣，我們的每一個思想、每句話、以及每個行動都有永恆的印記，將來都會反饋到我們身上。儘管當時看起來無足輕重，我們必須知道我們要對自己的每一個思想、每句話和每個行動負責。我們常常很容易忽略小事所帶來的結果。萬有引力定律是由一個蘋果落下而得到啓示。據説，若干年前，哈佛大學的一個教授從國外帶了一些舞毒蛾（gypsy moths）進到我國，滿心希望它們可以和蠶蛾雜交而有利于農業。結果不小心，舞毒蛾漏逃，并且迅速繁殖，最后導致馬薩諸塞州不得不花費數十萬美元來根除它們。

當亨利・史丹利[5]（Henry Stanly）一路披荊斬棘，穿過非洲最黑暗的森林時，他所遇到的最難

5　亨利・史丹利（Henry Stanly, 1841-1905）英裔美國記者、探險家。曾遠征中非探險。

對付的敵對勢力——那造成他的馬隊最大損失，幾乎徹底擊垮他的遠征探險的，竟是身材矮小的姆巴提人（Wambutti, Bambut, Mbuti）。他們嚴重地阻礙了他的探險，凡在姆巴提人居住的地區，探險工作幾乎沒有進展。

這些矮人手中僅僅祇有很不起眼、看起來好像是兒童玩具的弓和箭。但是，這些弓箭的箭頭上祇要沾有一滴毒藥，其功力就好像溫徹斯特步槍一樣，足以殺死一隻大象或一個人，而且，既快又有果效。毒藥和陷阱也是他們的自衛手段。他們穿梭于黑暗的森林中，設下埋伏，在他們被發現之前就射出毒箭如飛。他們在地上挖坑，然後往坑裏填滿樹葉。他們在地裏插上尖刺，尖刺頭上塗上毒藥，然後用樹葉蓋上。野獸和人掉進坑裏或踩到尖刺就會亡命。

有一位女士曾寫信給一位陌生的年青海軍軍人。她想，*我應該用大多數人一樣的結束語來結束這封信，還是應該為我的主說句話？*想到這裏，她的心頓時振作起來，寫信告訴年青人說，他因海軍生涯不斷地變換港口景點，恰如其分地說明了這句經文，*我們在這裡本沒有常存的城，乃是尋求那將來的城*（來 13：14）。顫抖著，她把信折好寄出去。

回信來了：「非常感謝你那善良的話！ 我是個孤兒，自從我母親多年前去世後，就再也沒有人這樣對我說過話。」箭射中了目標，不久以後，年青人信主歸正，喜樂地得到和平的福音豐盛完美的祝福。

某個星期天，有一個無名人士在英格蘭南部的衛理公會教堂向少數人佈道。恰巧有個十五歲的男孩子，爲了躲避暴風雪進了教堂，也坐在聽眾席上。那講道的人把「*地極的人都當仰望我，就必得救*」（賽 45：22）這句話作為他講道的經文主題。傳道人竭盡全力結結巴巴地往下講，天上的光也照進了那男孩的心。他走出教堂時已得救贖。很快，他就以CH司布真[6]，少年佈道家的名字遠近聞名。他繼續用福音影響了數百萬人。

有個夜間，英格蘭埃普沃斯鎮（Epworth）牧師的住宅着了火。除了一個兒子之外，住在屋裡的所有人當場都獲救了。那男孩子跑到窗前，被兩個農場工人安全地帶到地上。這兩個農場工人一個站在另一個的肩膀上才夠到窗口。這個男孩就是約翰・衛斯理[7]。如果你想了解那次事件的重要性，如果你想衡量那次營救的後果，衹要問問數以百萬計的衛理公會教徒就有答案：他們將約翰・衛斯理視為他們教派的創始人。

---

6 CH司布真（Charles Spurgeon, 1834-1892），十九世紀英國浸信會牧師，佈道家，人稱講道王子。

7 約翰・衛斯理（John Wesley, 1703-1791），英國神學家，衛理宗的創始者。

第二章

不要自欺，神不可輕慢

不要被人虛浮的話欺哄

——《以弗所書》第五章6節

人欺哄人，你們也要照樣欺哄他嗎？

——《約伯記》第十三章9節

我們都活得夠久，知道被欺騙是怎麼回事。曾經欺騙過我們的有我們的朋友，我們的敵人，我們的鄰居，以及我們的親戚。不敬虔的同伴也都曾欺騙過我們。人生的每一個轉折點，我們都曾身不由己地受過某種形式的欺騙。

在我們的生命軌跡中，都曾遇見過假教師們，他們在假裝為我們好的幌子下，用錯謬的東西來毒化我們的心靈。他們曾讓我們抱有希望，但事實證明那些希望都是虛假的。那些希望是所多瑪的蘋果——外面看起來很光鮮，裏面卻是一團爐灰。他們曾告訴我們根本沒有神，沒有未來的生命，沒有將來的審判，他們還宣稱，說所有的人都將會得救，有的是時間來悔改，甚至我們可以靠自己的好行爲來得救。

罪也曾欺哄過我們。每個罪人都是生活在夢幻之中。罪很開心地和罪人相見，給罪人骯髒、短暫的享樂和歡喜。

我們在波士頓聚會期間，有一個年輕人進到禮拜堂裏。他環顧四周，私下思想那些到這裏來的人——那些人有自己的生意，舒適的家宅，體面的衣服——一定都是大傻瓜。此人在世界上一無所有；他是個流浪漢，來禮拜堂裏衹是爲了避寒取暖，想到這些人有自己的家，居然跑到這裏來聽我宣講那些超過他能理解的東西，實在是不可思議。

他來了大約兩星期左右，有個晚上，我在講道時，碰巧我把手指向他坐的地方，我說，「年輕人，不要自欺！」神用這句話如箭一樣立刻射中他的心。他開始對自己反思。他回想起當年他在波士頓的好日子，當時他還是個青年，有一份很好的工作，生活舒適，有好多朋友。

然後他對照他現在的狀況。他所有的朋友都離開了，他的衣服也沒有了，錢也沒有了，他不過是城裏的一名流浪漢而已。他對自己說，我一直在自欺；也就在此時此刻，神喚醒了他。他想要找朋友們為他禱告，但他身無分文，連買張像樣的紙或寄信的郵票的錢都沒有。結果他搞到一張又髒又舊的紙，站在街頭，寫了一個祈求，要求在禮拜堂裏當眾念出來。他的祈求是，假如神能夠拯救像他那樣破碎失落的人，他需要被拯救。他的祈求蒙神垂聽。就如尼布甲尼撒那樣(參 但4：28-37)，他的朋友重新回到他身邊，主使他恢復原來的地位，重返社會。他的眼睛徹底打開了，看到他曾經是如何自欺和被欺哄。

撒旦

世界上有多少人正在受撒旦，這個世界的神的欺哄？據説在普法戰爭中（Franco-German War），爲了要迷惑敵人，德國的鼓手和小號手常常會向法國人敲鼓吹喇叭，讓法國人以爲德國士兵無心戀戰。德國人還常常發出「停」或「停火」的命令，法國士兵就此入了圈套，結果一個個就像牛一樣任德國兵擊殺。

撒旦是我們靈魂的世敵，他常常以謊言和欺騙使我们喪失理智，良知受欺哄。他常裝作*光明的天使*（林后11：14）出現，將他的醜惡隱藏在借來的假面具之下。他對年青人說，「儘情作歡吧。待你老了以後，你還有足夠的時間轉向基督。」在能獲得滿足的虛假的希望下，年青人沉溺于放縱的生活和各樣私慾，豈不知，貪婪終究變成控制一切的暴君，終將他拖入貪得無厭的深淵，他若能及時醒悟過來，那就算是萬幸。撒旦對放縱情欲的受害者有極大的應許，但這些人從來未得到應許的落實。反之，許下的快樂結果成為痛苦，許下的天堂變成地獄。

當心撒旦欺哄你就同他當初欺騙夏娃一樣。*他說謊是出於自己，因他本來是說謊的，也是說謊之人的父。*（約 8：44）

我們的心

欺哄我們最多的就是我們自己的心。我們人人都可以見證聖經的這段經文：*人心比萬物都詭詐，壞到極處，誰能識透呢？*（耶 17：9）有多少次，我們說我們不會再做某件事，二十四小時未到，我們就又做了！一個人以爲他已經達到欲望的最深處，結果發現還有他尚未達到的更深處。這絕對是自欺的結果！*心中自是的便是愚昧人*（箴 28：26）馬丁・路德[8]就曾經說過，他懼怕自己的心更過于懼怕教皇和所有的紅衣主教。

8　馬丁・路德（Martin Luther，1483-1546），德國神學家，宗教改革領袖。

曾有好多哭哭啼啼的妻子們來找我談她們的丈夫，說，「他的心是好的。」事實是，他的心是他裏面最糟糕的地方。假如心是好的，那麼其他所有的都將是好的。*因為一生的果效是由心發出*（箴 28：43）。耶穌說，*因為從裡面，就是從人心裡發出惡念、苟合、偷盜、凶殺、姦淫、貪婪、邪惡、詭詐、淫蕩、嫉妒、謗讟、驕傲、狂妄*（可 7：21–22）。這是基督對未得重生的心的宣告。

某些年前，有一副超乎尋常的畫在倫敦展出。如果你站在遠處看這副畫，你看到的好像是一位僧侶在祈禱，雙手合十，低著頭。當你走到近處，再仔細查看，結果發現僧侶其實是用雙手在擠檸檬，將檸檬汁擠到一隻碗裏！這就如同是一副人心的畫像！從表面上看，人心被認為是一個人所有善良、高尚以及和藹可親的所在之處，但事實上，在以聖靈重生之前，人心是人所有腐敗的集中點。*光來到世間，世人因自己的行為是惡的，不愛光倒愛黑暗，定他們的罪就是在此*（約 3：19）。

有一次，一位猶太人的拉比問他的學生們，什麼是一個人擁有的最好的東西，能夠使他不走歪路。一位學生說是善良的性情，另一位說是良好的伴侶，再另有一位說智慧是人所希望擁有的最好的東西。直到最后，有位學生說他認爲人心才是所有這一切中最好的東西。

「沒錯，」拉比說。「你將其他人說的都歸納為一。人心善者，性情亦善，能為人良友，為智者。因此，人人都應時時培植養育真誠正直之心，如此可免去其眾多的愁苦。」我們要像大衛那樣禱告：*神啊，求你為我造清潔的心，使我裡面重新有正直的靈。*（詩 51：10）

不可輕慢神

切切記住，聖經的神從未欺騙過任何人，根本不會欺騙任何人，也永遠不會欺騙任何人。這就是聖經的神和這個世界的假神兩者之間的區別。聖經的神明察並深知人各樣的手段。祂洞察人心。祂知道人暗藏的秘密。對于神，人無須試著告訴或試圖隱瞞自己的秘密。

無論我們如何成功地自欺或被他人所欺，我們不能欺騙神。亞當和夏娃嘗試過：當兩人在伊甸園園中的樹木裏在耶和華面前躲起來的時候（創 3：8）。掃羅嘗試過：當他以獻給神為藉口而私自存留亞瑪力人最好的牛羊（撒上 15）。亞拿尼亞和撒非喇曾撒謊，試圖私吞他們出售的田地的部分價銀。彼得對亞拿尼亞說，*「亞拿尼亞，為什麼撒旦充滿了你的心，叫你欺哄聖靈，把田地的價銀私自留下幾份呢？田地還沒有賣，*

不是你自己的嗎？既賣了，價銀不是你做主嗎？你怎麼心裡起這意念呢？你不是欺哄人，是欺哄神了！」（徒 5：3-4）

人們每天都在嘗試欺哄神。不知為何，他們以爲神是可以被輕慢（欺哄）的。因爲他們欺哄牧師，老闆，以及朋友，他們就理所當然地以爲他們可以欺哄神。他們戴上假面具，說些空洞的話，逢場作戲，找些無聊的藉口，濫用各樣的虛偽。然而，這一切都是虛空枉然。神是欺哄不了的。祂鑑察那外表潔白墳墓裏的腐朽之軀。

對基督徒的警告

值得注意的是，保羅的警告是針對基督徒的——加拉太教會的信徒們。畢竟，一個人不會一直被他的罪所欺騙。醉漢在他清醒的時候知道，假如他繼續酗酒，其結果將會如何。失去自尊，失去朋友的尊重，很快身體就會出現手發抖、皮膚變色等酗酒的症狀——這些都是酗酒后早早到來的收穫，成熟后很容易就暴露出來。不道德的人，其罪的早期報應，往往是身體出現了某種疾病，這些疾病通常是對繼續走這條危險道路的有效警告。但是，對於所謂「可敬可羨」的罪，情況就不同了。一個人有可能播種多年，自己卻沒有意識到。

你記得在撒種的比喻裏，有些種子撒在荊棘中，荊棘生長，擠死這些種子。我們的主，進一步闡述這個比喻說，*撒在荊棘裡的，就是人聽了道，後來有世上的思慮、錢財的迷惑把道擠住了，不能結實*（太 13：22）。誰會想到這將是追求世俗和錢財的結果？有人說，除了警告的話之外，基督從不以好言來評論富人。可是，今天我們不是那樣看待世俗和財富。人們在追求財富的過程中互相踐踏。*不要自欺*。一心追求金錢的人，就是向肉體撒種，以肉體的敗壞收割。人說，「逆境殺千千，順境殺萬萬。」[9]

「這房產值多少錢？」當兩紳士經過一座環境優美的莊園時，其中一位問另一位。

「我不知道這房產值多少錢，但我知道房主要花多少錢。」

「多少錢？」

「他的靈魂。」

有一位英國的牧師按例去臨終安慰一位很富的教友。牧師跪在垂死的人的床邊，叫那人把手伸出來，這樣的話，牧師可以為他祈禱有力量戰勝這嚴峻的時刻。而那人卻拒絕把手伸出來給牧師。死亡最終降臨，在場的人挪去蓋在他身上的被子，

9　原注：摘引出自《抵擋撒但詭計的寶貴措施》一書（Precious Remedies against Satan's Devices）。作者為不從國教清教徒牧師、作家托馬斯・布魯克斯（Thomas Brooks, 1608-1680）。此摘引與《撒母耳記上》十八章7節相似：*掃羅殺死千千，大衛殺死萬萬*。

結果發現他那僵硬的雙手緊握著開保險箱的鑰匙。直到臨終，他的心和手還緊緊抓住他的財產，遺憾的是，他沒法帶著這些財產一起離開這個世界。

一個人會很驕傲，然而，就是這個驕傲的罪，卻被很多人認爲是此人的美德。我們來聽聽聖經的神怎麽說：*……眼高心傲，這乃是罪*（箴 21：4），還有，*凡心裡驕傲的，為耶和華所憎惡，雖然連手，他必不免受罰*（箴 16：5）。

這些都是人們常犯的錯誤。他們過著令人羨慕敬重的生活，因此他們躊躇滿志。他們沒有意識到，好多自己心裡崇拜看重的東西，都帶有腐敗的污漬。所有自稱爲基督徒的人特別需要提醒自己，萬萬不可自欺欺人。

忽視

人人都應該對自己的思想、行為和感受謹慎又謹慎！人之所以自欺和上當受騙的原因在很大程度上是忽視。很多人不會靜下來省察自己，在神面前敞開心扉和思想，以祂至聖的旨意來對照審查自己。一個人用不着開槍來自殺；他衹需要忽視適當的營養和維生方法，很快就會死去。在敵人強大而來勢兇猛的地方，除非晝警夕惕，人人都鞍不離馬、甲不離身，否則注定敗下陣來，淪爲階下囚。

人們注意到，瑞士在宜人的季節發生的事故，比在暴風雪的季節要多許多。原因是人們選在宜人的季節外出探險，彌補他們在氣候條件惡劣情況下失去的機會，並且他們的行為舉止也不太謹慎。同樣，當人們不守住自己的心，對誘惑不以為然時，道德和精神上的災難就會降臨。他們在繁榮昌盛的順境中驕傲自足，而患難則驅使他們向永生的神尋求指導和安慰。

塞缪尔・詹森博士[10]（Dr. Samuel Johnson）曾經說過，世界上有如此多的欺騙和不誠實的原因，更多是由於對真理毫不在意，而不是故意說謊，因此非常有必要保持警惕。波斯人有一個每年一度的節日，在節日那天，他們殺死凡能抓到的所有蛇和有毒的生物；然而，過了那一天，他們卻放任它們，任其迅速繁殖、自由地到處游蕩，直到下一個節日的到來。這是個很糟糕的政策。罪惡，恰如蛇一樣，繁殖迅速，需要時刻注意警惕。

我們也應該環顧四周。許多人恰恰在自己認為是最安全的地方跌倒。摩西爲人謙卑几乎成了一句諺語，然而，他卻因為任由以色列人挑釁，口出妄言而失去進應許之地的允許（參《出埃及記》）。彼得是門徒中勁頭最足和最喜好爭論的，大膽、

10　塞缪尔·詹森，又譯為塞缪尔·约翰逊，常稱為詹森博士（Dr. Samuel Johnson, 1709-1784），英國歷史上最有名的文人之一，集文評家、詩人、散文家、傳記家於一身。编撰《詹森字典》。

直言不諱，但他在短時間內墮落成一個撒謊、咒罵、不敢見人的膽小鬼，連一個女僕他都害怕。（參 新約四福音書）

有一個古老的寓言，講的是有一隻獨眼的母鹿經常在海邊吃草。為了安全起見，她讓那隻瞎眼睛對著海水。她估計海水的那一側不會有什麼危險。同時，她用那隻健康的眼睛往村莊看。有幾個人察覺到這一點，便划了一條船從海裡向她襲來，將她射殺。臨死前她長吁一聲，說：「唉！時乖命蹇，我竟然被殺死在我認為是最安全的地方，而我認為最危險的地方倒是很安全。」

讓危險和需要驅使你更接近神。祂從*不打盹，也不睡覺*（詩 121：4），在祂的看護下你會很安全。在禱告中緊緊抓住祂。*總要警醒禱告*（太 26：41）。

基督教對欺騙沒有責任

對自稱基督門徒中存在的欺騙行為，基督教沒有責任。我們以前曾經舉過這個例子：這就好像你要冠達遊輪公司（Cunard）對一名從船上跳下海自殺的乘客負責一樣。如果那個乘客呆在船上，他就很安全，同樣，如果門徒一直忠於他的原則，他絕不會變成一個偽君子。

難道還有人比耶穌基督更嚴厲地譴責假冒為善？你想知道，為什麼教會會不時出現某個主要教會成員甚至牧師的丑聞？這不是因為出軌者的基督教信仰，恰恰是他沒有基督教信仰。人如樹一樣，某種隱藏的罪惡一直在蠶食這棵樹的樹心，到了關鍵時刻樹被吹倒，裏面的腐爛頓時暴露無遺。

欺騙不能永遠持續下去

欺騙不可能永遠持續下去。亞伯拉罕・林肯有句名言：你也許可以在某些時候欺騙所有的人，或在所有的時間欺騙某些人，但你不可能在所有的時間欺騙所有的人。如果謊言沒有及早被發現，最終，死亡會揭開謊言，而不幸的受害者將在不可輕慢的神面前站立，不再受欺騙。

第三章

凡播種則必望收穫

弟兄們哪，你們要忍耐，直到主來。看哪，農夫忍耐等候地裡寶貴的出產，直到得了秋雨春雨。——《雅各書》第五章6節

關於種因得果，有四件事要記住：

1. 凡人若播種，就必定盼有收獲。
2. 他種的是什麼，收的也是什麼。
3. 他盼望收割的將超過他所播下的。
4. 對種子的無知不能使他脫離責任。

首先，當一人播種時，他一定盼望有收獲。如果一個農民年復一年每年春天都在播種，但不盼望秋天有收獲的話，你也許會說這農民不是很有智慧，甚至有點神經病。相反，一個好農民一定期待著收割那一天，他的辛勞付出終於得到回報。他從來沒想到過自己種下的種子會顆粒無收。

一位年青的學徒，無論學的是何種技術或職業，經過長期的訓練，盼望最終能收割成果，不虧欠長年茹苦含辛的辛勞。你可以問一位工程師，爲什麼他如此辛苦學習專業六、七年。他回答說，他正翹首以待收割之時，那時他可以名正言順地名利雙收。同樣，律師長年茹苦含辛地學習，但他期待著，到時候他的客戶滿滿，辛勞得以回報。絕大多數的醫學院學生在學期間經濟上捉襟見肘，勉强维持生计。然而，一旦畢業證書在手，成爲醫生，他們預期收獲的日子便指日可待。丰厚的回報是驅使他們長年辛勞的動力。

自然界中，有一些植物，種子播下去后很快就生長成熟；但一般來說，大多數植物從種子播下去到果實成熟會有一段較長的生長過程。不過，它一直在成長。比如玉米。首先，小綠芽破土而出。然後，我們看到枝叶拔節、出穗耳，最後是穗耳裡面完整的玉米。除了蘑菇以外，儘管所有的莊稼都不是一夜之間長大成熟，農夫並不失望。他耐心地期待著，因為他知道，收割的時辰，該來時就來了。

我們個人的行事為人結果也是如此。除非期望從中得到快樂，鮮有人會沉溺於罪中。醉漢不祇是為了喝酒而喝酒，而是為了當下的享受。小偷不是為了偷竊而偷竊，而是為了有利而圖才偷。良善的人亦如此。他不是為了犧牲而做出犧牲，而是因為他在作出個人的犧牲和奉獻時希望能助人行善。所有這些行爲都是爲了達到某種目的；之中必期待有所收穫。

收穫是必然的

人種的是什麼，收的也是什麼（加 6：7）。這段經文是提醒我們種因得果的確定性。

我們知道莊稼歉收是怎麼回事，但在靈界，這樣的歉收是不存在的。在物質世界中，土壤過於潮濕則有可能爛掉種子，霜凍會殺死嫩芽，天氣太潮濕或太乾燥都可能使莊稼無法成熟，但這些事的發生對我們行為的回報毫不相乾。聖經告訴我們，神要按各人的行為報應各人：

> *你竟任著你剛硬不悔改的心，為自己積蓄憤怒，以致神震怒，顯他公義審判的日子來到。他必照各人的行為報應各人。凡恆心行善，尋求榮耀、尊貴和不能朽壞之福的，就以永生報應他們；唯有結黨、不順從真理反順從不義的，就以憤怒、惱恨報應他們。*（羅 2：5-8）

如此看來，我們在身體、道德和智力的所有方面都應該謹慎行事！我們所做的事、所說的話、所懷的意念都將被記錄下來，並將得到應有的回報，因為神不偏待人。

千萬不可忽視的是，收割是播種的必然結果。人們通常把神看成是強施倫理道德的獨裁者，但這是一種很膚淺的認識。神不會單單坐在寶座上，當人們前來受審時，對某個特定的行為進行懲罰。祂制定了某些法律，種因得果是其中之一，懲罰是罪的自然結果。無人可以逃脫。人人都必須承擔罪有應得的結果。雖然有人可能*和你一起*收割，但無人能*替你*收割。

以上的經文進而教導我們，收獲又分爲兩種不同的類型。按法律，惟有兩種不同的結果：1）順著情慾撒種的，必從情慾收敗壞；2）順著聖靈撒種的，必從聖靈收永生。

順著情慾撒種

順著肉體（情慾）撒種並不意味著單單照顧好身體而已。身體是按照神的形像造的，信徒的身體是聖靈的殿。因此，我們可以肯定，照顧好身體是神所喜悅的。「順著情慾撒種」是指屈服於身體的情慾，放縱情慾，以犧牲靈魂為代價來滿足其不法的慾望，並過度縱容獸性般的罪慾。向肉體撒種就是撒播自私的種子，必然結出敗壞的果實。

因為我們屬肉體的時候，那因律法而生的惡慾就在我們肢體中發動，以致結成死亡的果子（羅 7：5）。保羅說肉體情慾的行為是什麼？*姦淫、汙穢、邪蕩、拜偶像、邪術、仇恨、爭競、忌恨、惱怒、結黨、紛爭、異端、嫉妒、醉酒、荒宴等類*。（加 5:19-21）

一八六七年，我在巴黎世博會上[11]注意到一幅小油畫。油畫大約衹有一英尺見方，畫中的那張臉是我所見過的最猙獰的。畫上貼著一張紙，紙上寫著「撒稗子」幾個字，細看那張臉不像是人而更像是魔鬼。那人撒下稗子時，蛇和爬蟲徐徐爬上他的身體。他的四周是森林，森林裏狼群和野獸紛紛出沒。從那以後我曾多次看到那張畫。收割的時候到了。你若向肉體撒種，你必從肉體收割。……*所種的是風，所收的是暴風*（何 8：7）。

但是，千萬不要認為，放縱於那顯而易見的罪是撒種于肉體的唯一途徑。每一個願望和行動，衹要不以神為本，不以神為最終目的，都是撒在肉體情慾上的種子。若有人撒種是為了收穫金錢或名譽，他就同說謊者和通姦者一樣，是順著肉

11　原注：一八六七年的巴黎世博會是當時最大的博覽會。參會的有几百萬人，有五萬多的展品，慶祝所獲得的科學和工業成就。

體情慾撒種，必從情慾收腐敗。不管種子表面上看起來多麼文雅、高尚，不管看起來多麼像好種子，它的真實本性會逐漸顯露出來，敗坏的污穢將落在它身上。

鑑於這種判斷，有多少人的努力是多麼的愚蠢！許多人為了金錢犧牲時間、健康甚至人格。他們得到是什麼？朽坏，那非永恆也不具備永生品質的東西。使徒約翰說，*這世界和其上的情慾都要過去*（約壹 2：17），彼得告訴我們，*凡有血氣的盡都如草，他的美榮都像草上的花。草必枯乾，花必凋謝*（彼前 1：24）。這些情慾的東西都沒有永恆的根基。就算你的一生非常短暫，你可能比這些情慾的東西活得更久。

之間沒有橋樑

人們順著情慾撒種卻錯誤地認為他們會收割聖靈的果實。反之，他們順著聖靈撒種，卻因得不到世俗的收成而感到失望。

一位主日學老師在給班上講財主和拉撒路的比喻。他問班上學生：「你願意成為哪一位，財主還是拉撒路？」

一個男孩子回答說：「我願活著作財主，死後作拉撒路。」

那不可能。要么是情慾得敗坏，要么是聖靈得永生。兩者之間沒有橋樑。

為豐盛的聖靈而播下的種子絕不會產生世俗的福祉。基督宣告：

> *哀慟的人有福了！因為他們必得安慰。溫柔的人有福了！因為他們必承受地土。飢渴慕義的人有福了！因為他們必得飽足。憐恤人的人有福了！因為他們必蒙憐恤。清心的人有福了！因為他們必得見神。*（太 5:4–8）

在此你可以看到全能者的神聖願景——充滿公義和神聖的安慰。這裡沒有任何屬塵世的東西。都是屬靈的勞苦所結下的屬靈的果子。耶穌沒有說清心的人會變得富有，也沒有說飢渴慕義的人會吃飽（而是說，他們會充滿公義），或哀慟的人將出人頭地而成名。神專為每個屬靈群體預備了其播種的豐盛收穫。

萬物皆有始終；每個行為都有其回報。在你覬覦別人所擁有的享樂之前，必須先計算一下獲取它所要付出的代價。打個比方，基督徒商人抱怨他的誠實阻礙了他的成功——金錢如潮水般湧進了他那不很誠實的鄰居商人的店門，而他自己卻幾個小時沒有任何銷售。我的弟兄，你認為神會用世俗的獎賞來賞賜信實、正直和聖潔嗎？你認為祂會用金錢和名譽來回報高尚的靈命嗎？

思考一下那鄰居商人為了世俗的成功所付出的代價：精神上的恥辱和內心的羞辱。他的廣告都是騙人的，他對待員工專横苛刻，他的東西之所以便宜是因爲都是用次料製成的。假如你順那人撒種，你就必收取那人的結果。如果你欺騙、撒謊、說話不誠實，你也許會有錢進到腰包裏，但我向你保證，你要付出的代價太高。我奉勸你，讓他收取他的收穫，你收穫你的——問心無愧，清淨的心，內外正直。難道你會放棄這些美德來換取世俗人的果實？

順著聖靈撒種

順著聖靈撒種意味著克己、抵擋邪惡、順服聖靈、行在聖靈裡、活在聖靈裡、被聖靈引導。當我們用我們的能力和方法來推進屬靈的事物時，我們就是順著聖靈撒種。當我們支持和鼓勵那些擴大聖靈影響力的人時，我們就是順著聖靈撒種。當我們將肉體及其一切情慾釘在十字架上，當我們將自己降服於主，就像我們曾經降服於肉體時，我們就是順著聖靈撒種了。一位猶太拉比曾經說過：

「每個人都有兩種本能：善與惡。將邪惡的欲望降服於神便是向神獻上了最好的祭物。」

順著靈撒種所結的果子，*就是仁愛、喜樂、和平、忍耐、恩慈、良善、信實、溫柔、節制；這樣的事沒有律法禁止。凡屬基督耶穌的人，是已經把肉體連肉體的邪情私慾同釘在十字架上了*（加 5：22-24）。當活在這個世界上時，所得的收穫是品格的成長，得到他人更深的尊重，以及成爲他人越來越大的祝福；而在下一個世界，收穫是神的接納和永生。

威廉・勞埃德・加里森[12]（William Lloyd Garrison）在英國記錄下來的公開演講中最後的話語是：「我開始倡導反奴隸制是在美國北部各州，身遭人們的磚頭和臭雞蛋扔打。奴隸制廢除后，我人在南卡羅來納州，我的身子幾乎讓解放的奴隸們的花圈給埋了。」

南北戰爭後期，紐約市一家大公司僱用了一名年青人與某方就一批質量受損的豆子進行談判。談判的結果，公司購買了這些豆子。豆子交付后，公司就將豆子鋪撒在公司大樓的頂層。然後，公司雇了人把撒在地上的豆子，一邊在上面撒上蘇打水，一邊翻來翻去，用來改變豆子的外觀，以圖賣個好

12　威廉・勞埃德・加里森（William Lloyd Garrison，1805-1879）美国基督徒、废奴主义者、记者和社会改革家。

價。接著，公司又購買了一些優質豆子。他們先把一些好的豆子放進桶裡墊底，然後在桶裡裝滿劣質的豆子。最后，再把優質豆子放在最上層。

接著，老闆在桶上標上「上等豆子」。那年青店員看到標簽後問老闆：「先生，您認為將這些豆子標為『上等』合適嗎？」

老闆厲聲反駁：「你是公司的負責人嗎？」

店員就沒再說。豆子就這樣繼續被裝進桶子，標上標簽。一切準備就緒後，豆子（有數百桶）就放在市場上出售。辦公室裏則擺上質量最好的豆子樣品來展示給買家。

過後不久，有一位聰明的採購員來買豆子（再精明的人也會遇到旗鼓相當的對手），先在辦公室看了樣品，問了價格，然後就提出要看批量貨。年青店員奉命陪買主到樓上，展示存貨。几個打開的桶，其頂部顯示出與樣品相同的質量。買主對店員說：「小伙子，給我看的豆子樣品質量上乘，但以你這樣的報價，在市場上根本買不到這樣的豆子；這裡頭有問題。告訴我，這整桶的豆子與在頂部那部分的質量相同？」

頓時，年青店員發現自己處在一個尷尬的地位。他想，「我是替老闆撒謊呢，還是不管其結果如何, 如實告之？」

他決定如實告之，說：「不是的，先生。它們不一樣。」

那顧客說，「如果是這樣的話，我就不買了。」然後就離開了。

年青店員回到辦公室。老闆見了就問他，「你把豆子賣給那人了？」

年青人回答說，「哦，沒有。」

「爲什麽？」

「是這樣，先生，那人問我整桶的豆子的質量與頂部那部分豆子的質量是否一樣，我告訴他不一樣。結果他說，『我不要了』，就走了。」

「到會計那裏去，」老闆說，「拿了你的薪水走吧；我們不僱你了。」年青人拿了他的薪水，離開了公司。離開時他滿心喜樂，因爲他沒有為貪婪詐騙、為那缺乏原則的老闆的利益而說謊。

三個星期后，公司派人找到年青人，請他回來再為公司工作。公司還在他原有的年薪上加了三百美金。他的誠實和坦誠獲得奬賞。雖然公司因年青人的誠實而損失了很多錢，但他們知道年青人是正確的。他們僱他回來是因爲他是可以信賴的，使用他公司不會因欺詐、作假而遭損。他們知道在他的監管下，公司的經濟利益安全可靠。因此，他們敬重、褒奬這位年青人。

凡事都有定期

讓我們學會凡事都有定期的功課。*看哪，農夫忍耐等候地裡寶貴的出產，直到得了秋雨春雨*（雅 5：7）。延遲并不意味著否定。一代撒種，另一代收割，是常有的事。*因為我耶和華你的神是忌邪的神。恨我的，我必追討他的罪，自父及子，直到三四代*（申 5：9）。

當以色列作為神的選民的早年，神命令他們要將賜給的迦南土地，每七年安息一次：

> *六年你要耕種田地，收藏土產，祇是第七年要叫地歇息，不耕不種，使你民中的窮人有吃的，他們所剩下的，野獸可以吃。你的葡萄園和橄欖園也要照樣辦理。*（出 23：10-11）

然而，自膏掃羅為王始，以色列并不遵守這條誡命。過了四百九十年，神允許以色列民族被擄七十年。在這期間，土地得到整整七十年的歇息，恰恰補償那未遵守的七十年。那些以色列人撒下不順服的痛苦種子，他們的後代不得不收割被擄和放逐的果子。

有一天，一位著名外科醫生在他的全班學生面前做了一項重要的現場手術。就他的醫術而言，手術很成功。然而，他卻轉向全班學生這麼說：「六年前，一種明智的生活方式可以預防這種疾病。兩年前，一次安全簡單的手術就可能治愈它。就病人目前的情況而言，我們今天已盡力而為。但大自然有她自己的意志，她並不總是撤銷她的死刑判決。」第二天，病人死了，自食其果。保羅說，*我們行善不可喪志，若不灰心，到了時候就要收成*。（加 6：9）

在與一位採訪者的聊天中，托馬斯・愛迪生[13]（Thomas Edison）無意中作了關於毅力和耐心的最有力的見證（原文為講道）。他細談了他反复努力為使留聲機能重復呼吸氣聲的實驗經過，然後他補充說，「在過去的七個月裡，我每天花十八到二十個小時來試驗*specia*這個詞。我對著留聲機說，『*specia*，*specia*，*specia*』，但留聲機回應說，『*pecia*，*pecia*，*pecia*』。簡直讓人發瘋！但我堅持了下來，我成功了。」

丹尼爾・韋伯斯特[14]（Daniel Webster）在新罕布什爾州樸次茅斯（Portsmouth）還是一名年青律師時，曾接到一起跟保險有關的訟訴。案子牽涉到的錢很少，答應支付給律師的費用僅二十塊錢。

13　托馬斯・愛迪生（Thomas Edison，1847-1931）美國著名科學家、發明家、企業家。發明留聲機和電燈泡。

14　丹尼爾・韋伯斯特（Daniel Webster，1782-1852）美國著名政治家、律師。曾两次担任美国国务卿。

韋伯斯特意識到，要為他的委託人勝訴，他需要前往波士頓法律圖書館查閱有關資料。去那裡會花掉他身上所有的錢，而且他在那裡的時間也得不到補償，但他決定不惜一切代價，竭盡全力打好這場官司。結果，韋伯斯特去了波士頓，查了法律資料，最後打贏了官司。

多年後，已成名的韋伯斯特途徑紐約。正好那天有一個重要的保險案件要在法庭審理，突然其中一位律師病倒了。他們找韋伯斯特來處理這個案子，說錢不是問題，衹要說出他的條件即可。

「我告訴他們，」韋伯斯特先生說，「在出庭前幾個小時通知的情況下指望我能準備一場法律辯論是很荒謬的。然而，他們堅持要我看案子的資料，我終於同意。結果，這案子跟我那二十美元的案子如出一轍，因為我清清楚楚地記得那案子的所有細節，我在法庭上辯護時得心應手。法庭知道我沒有時間準備，他們對我的辯護能力之強感到驚訝。所以你看，我那次去波士頓雖然所得甚少，現在卻在名譽和金錢上都得到了豐厚的回報。可見好好作工最終必得到獎賞。」

有兩個人去加利福尼亞州淘金。他們辛勞了很久仍然是一無所獲。結果，其中一位失去信心，扔下工具，說，「我得離開，不然會餓死，」然後拔脚就走了。他離開后的第二天，他的同伴的韌性就得到了回報：發現了一個金塊。靠著那金塊的經濟支持，同伴最終發了財。

> *因為斷定罪名，不立刻施刑，所以世人滿心作惡。罪人雖然作惡百次，倒享長久的年日。然而我準知道，敬畏神的，就是在他面前敬畏的人，終久必得福樂。惡人卻不得福樂，也不得長久的年日，這年日好像影兒，因他不敬畏神。*
>
> （傳 8：11-13）

暗中行事永不曝光的臆想是致命的。神說暗中行事一定會曝光。若有人以爲罪可以隱瞞而不被發現，將來不會受審判，那是愚蠢之極。我們來看看雅各的兒子們。他們把約瑟賣了，然後欺騙自己的父親。二十年過去了，他們的罪跟著他們一起下到埃及，因他們說，*我們在兄弟身上實在有罪*（創 42：21）。報應的日子最終臨到把自己的弟弟出賣掉的這十位哥哥們身上。

有一次，我在芝加哥佈道，有一位靈魂几乎出竅的婦人來找我。有些人喜歡攻擊佈道聚會，說這些聚會把人給逼瘋了。我告訴你，是罪使人失去理智。是沒有基督才使人陷入絕望。

這位婦人家裏有一大群的孩子。她的一位鄰居過世后，她的丈夫從死者家裏抱養了一個小小孩。婦人反對，說：「我不要這小孩」，但她丈夫堅持說，「你一定要收養照看這小孩」。她說她養自己的孩子就已經足夠辛苦了，要她丈夫把這小孩送走。她丈夫拒絕這麼做。婦人向我承認她曾經故意要把這小孩餓死，但小孩勉勉强强撐下來了。有一天晚上，小孩整夜嚎哭，我猜大概是餓的原因。結果，這位婦人拿了衣服蒙在小孩頭上，把小孩活活悶死。沒有人看到她這麼做。沒有人知道這件事。小孩就被草草地下了葬。多少年過去了，可是這位婦人終日惶惶不安，她說：「我日日夜夜聽到這小孩的聲音。我差不多要瘋了。」沒有人看到她的惡行，但神看到了，懲罰一直緊跟著她走。你用不着到聖經裏去找這些例子，歷史上這樣的事比比皆是、層出不窮。

第四章

我們種什麼就必收什麼

於是地發生了青草和結種子的菜蔬，各從其類；並結果子的樹木，各從其類，果子都包著核。神看著是好的。
——《創世記》第一章12節

憑著他們的果子就可以認出他們來。荊棘上豈能摘葡萄呢？蒺藜裡豈能摘無花果呢？——《馬太福音》第七章16節

你們若順從肉體活著，必要死；若靠著聖靈治死身體的惡行，必要活著。
——《羅馬書》第八章13節

假如我跟你說，我去年種了十英畝的小麥，結果長了西瓜，或者種了黃瓜，結果收割了蘿蔔，你肯定不會相信。播什麼種子必然收割同樣的作

物，這是一個定律。種麥得麥。埋下一粒橡子就長出一棵橡樹。栽下一棵幼榆樹，到時候你就有一棵大榆樹。

有一天，盧克曼（Lukman，東方寓言作家）的主人對他說：「去那塊田裡把大麥種上。」盧克曼卻種了燕麥來代替大麥。收割的時候，他的主人去田裡，看到一片綠色的燕麥。他問盧克曼：「我不是叫你在這裡種大麥嗎？你為什麼種燕麥？」

他回答說：「我種燕麥是希望能長出大麥。」

他的主人說：「這是什麼愚蠢的想法？你曾聽說過這樣的事？」

盧克曼回答說：「瞧瞧你自己，不斷地在世界的田野裡播下邪惡的種子，卻期望在復活的日子裡收穫美德的果實。因此，我就想，我也許可以種燕麥來收獲大麥。」聽了他的回答，主人深感羞愧，就釋放了盧克曼，給了他自由身。

種什麼收什麼，學什麼成什麼。如果一個人學了木匠的手藝，他就不會指望成為出色的鐘錶匠。如果他廢寢忘食地學法律，他就不會指望將來行醫謀生。人們期望靠他們所學的來收益。

這條規律在神的國度跟在人的國度一樣真實。無論在靈界或在自然界都是如此。我若撒下稗子，必收割稗子。如果我種下謊言，我必收割謊言。如果我播下姦淫的種子，我就成爲姦淫者。如果我沉溺于威士忌，我將成爲酒徒。你不能抹殺這條自然法律，因為它永遠有效。這是聖經中最堅固的真理之一。

假設有一個我不想見的鄰居來我家找我，我讓我兒子告訴他我出去了。我兒子走到門口，對我的鄰居撒謊。我相信，不到六個月我兒子就會對我撒謊。我會因那個謊言而得回報。

前段時間，有人問我：「為什麼現在我們找不到誠實的營業員？」

我回答說：「我不知道，但也許我能給出一個合理的原因。當貨物是半棉的而商店老闆教唆店員說貨物全是羊毛時，或者，爲了盈利，他們慫恿銷售人員銷售貨物時，把質量說得半真半假或誇大其詞，你將不會有誠實的店員。」

衹要商賈教唆自己的僱員撒謊、作假，就不會有誠實店員。不誠實的商賈培養出作假的店員。我可不是在憑空捏造，我講的是事實。人所收穫的必定是他所播下的相同的種子，這不是一首充滿想像力的詩，而是一段誠實的直白。

這是反對銷售酒精的有力論據。即使我們撇開酒精問題的禁慾和宗教方面，世上沒有人承擔得起賣烈性酒的后果。如果我賣酒給你兒子，讓他成爲酒徒，就有人可能會賣酒給我的兒子，使他成爲酒鬼。每個賣酒的人都有一個醉酒的兒子、或醉酒的兄弟、或醉酒的親戚。酒商的兒子們在哪裡？他們的女兒都嫁給了誰？環顧四周，看看你能不能找到一個在這個行業工作了二十年的人，在他自己的家族中卻沒有不可告人的醜事。

我曾經公開向大家提出這個挑戰，第二天，有個人對我說，「昨晚我沒有參加你的佈道會，但我知道你發表了一個令人震驚的聲明，說沒有人在酒類行業工作了二十年，自己家裡沒有詛咒。」

「是的，」我說，「我是這麼說的。」

「這可不是普遍真理，」他說，「我希望你能收回它。我父親賣酒，我也賣酒，詛咒從未降臨到我父親的家庭或我的家庭。」

我說：「什麼！兩代人賣那種地獄般的東西，而詛咒從未進入過這個家庭？我來調查一下，如果我發現我錯了，我會發表聲明公開撤回我的斷論。」

正巧，房間裡有鎮上的兩位顯要市民。我注意到此人說話時，兩位臉上的表情很奇怪。那人走後，其中一位說：「慕迪先生，你知道嗎，那個人的親兄弟是個酒鬼，幾週前自殺了。留下一個帶著七個孩子的寡婦。他們現在都住在那人的家裏！他自己也曾是一個酒鬼，他哥哥的自殺使他震驚，同時也救了他。」

我不知道你如何來解釋這事，除非他不認他哥哥為家人。也許他跟該隱一樣，問，*我豈是看守我兄弟的嗎？*（創 4：9）

當我擔任芝加哥某教會牧師的時候，我們努力要向勞工群體傳福音，引領他們歸向基督。這些工人們常跟我說，「吃晚飯的時候到廠裏來，我們給你一個機會講講你的見解。」

我會問他們，「爲什麼你們不能來教會？」

「是這樣」他們回應說，「在那裏，你有你的那一套東西，我們沒法問答；要是你到廠裏來，我們會向你提一些問題。」

然後我就去了。他們時不時給我很大的挑戰。他們最喜歡提問的一位聖經人物是雅各。很多時候，他們會對我說，「你認爲雅各是聖人，是不是？他其實是個大惡棍。」他們很多人認爲雅各不如以掃那麼忠厚良善。注意你在聖經裏讀到的：*耶和華與猶大爭辯，必照雅各所行的懲罰他，按他所做的報應他*（何 12：2）。這個必遭報應的律貫穿雅各的一生。神讓雅各照樣遵循種因得果的律，儘管雅各是神的朋友，是亞伯拉罕的后裔，在神與亞伯拉罕立約的系譜中位居第三。有人曾說，雅各的問題都是經過神精心設計的，目的是讓雅各記住他所犯的罪和帶來的懲罰。

故事是這樣開頭的：以撒年邁的時候想吃野味，就吩咐以掃外出打獵。雅各知道后就偷偷溜出去，從他父親的牛羊群裏偷了一隻山羊羔，讓他母親利百加作成美味。他把美味遞給他那年邁瞎眼的父親，說他自己是以掃。這老父親聽得出雅各的聲音，但雅各相當狡猾，他把山羊皮包在手和脖頸上，老父親摸了之后說，「*聲音是雅各的聲音，手卻是以掃的手。*」（創 27：22）

這樣，雅各靠欺騙得到了父親對長子的祝福。然而，他所付出的代價卻高過萬倍。「偷我錢包者偷垃圾」[15]那偷了我錢包的人比我更慘。當雅各年老時，他生活在不斷的疑惑中，懷疑他的兒子們欺詐他。他因欺哄自己父親的罪而自食其果。

雅各在這場交易中是個大輸家。以掃歸來時，雅各為保命落荒而逃。神在伯特利與他相遇：

> *耶和華站在梯子以上，說：「我是耶和華你祖亞伯拉罕的神，也是以撒的神，我要將你現在所躺臥之地賜給你和你的後裔。你的後裔必像地上的塵沙那樣多，必向東西南北開展。地上萬族必因你和你的後裔得福。我也與你同在，你無論往哪裡去，我必保佑你，領你歸回*

15　出自莎士比亞《奧賽羅第三幕》。意即偷了錢卻損了名譽。

這地，總不離棄你，直到我成全了向你
所應許的。」（創 28：13-15）

人們讀雅各的生平到這裏時會說，「我可不要和這樣的神有任何關係。祂居然施恩給作出如此下流之事的小人。」我的朋友，不要操之過急。跟雅各到巴達那蘭。他在那裏呆了二十年，他的工錢變了十次。他為了可愛的拉吉，幹了七年，結果未娶成拉吉而娶了拉吉的姐姐利亞。雅各靠欺騙得了長子的身份，不過拉班諷刺性地提醒他，*大女兒還沒有給人，先把小女兒給人，在我們這地方沒有這規矩。*（創 29：26）雅各深得要領：拉班凡能佔便宜就盡量佔便宜。

無論你在哪裡發現一個敏銳、精明的人，你總會發現他周圍聚集著同類的人，欺人者自己也會被人欺。「物以類聚。」褻瀆者聚在一起，狡猾的人聚在一起。雅各在拉班身上發現了他自己的影子。這就是「棋逢对手」的典型範例。

我們再往下看。雅各有十二個兒子，但他愛約瑟和便雅憫勝過愛其他的兒子，因為這兩位是他和他心愛的拉結所生。他偏愛約瑟，並為他縫製了一件彩衣。任何家庭中，偏袒會培養出老亞當。

一天早上，約瑟懷著一顆純真的心，講述了他所做的一個夢：夢中他的父親和他所有的兄弟都向他下拜。此後，約瑟的兄弟們就計劃把他除去。有一天，他們在放羊，他父親派約瑟去找他們，他們說，*來吧，我們將他殺了，丟在一個坑裡，就說有惡獸把他吃了*（創 37：20）。

後來，他們把約瑟賣了，把他的彩衣浸在山羊血裡。他們把那件沾滿山羊血的外衣拿給他們的父親說，*我們撿了這個，請認一認是你兒子的外衣不是？*（創 37:32）雅各知道這是約瑟的外衣，他說，*這是我兒子的外衣，有惡獸把他吃了！*（創 37:33）

雅各以山羊的皮騙了他的父親，他的兒子們用山羊的血騙了他。雅各向他的父親撒謊，他的兒子們向他撒謊。謊言轉了一圈回家。你的每一個謊言最終會歸到你自己。不管你挖的坑有多深，你的謊言終究還會活過來。

要知道你們的罪必追上你們（民 32：23）。你也許以爲自己很聰明很有智慧，可以打主意將罪隱藏起來，然而罪不可隱蔽是至高天上的律；神必將罪曝露在光天化日之下。你可以確定你的罪會跟著你，直到你得報應。你無法矇騙全能者。雅各發現了這一點。遲早他必收割他播下的罪愆。

我們再來看看大衛。幾年前，有人跟我說，「你不認爲大衛和掃羅一樣墮落嗎？」是的，其實大衛更為墮落，因爲神把他提升得比掃羅要高。不同之處是，當掃羅跌倒時，他無悔改之意，然而大衛跌倒時，他從那破碎的內心發出痛哭，真心悔改。聖經裏沒有人像大衛那樣升得如此高，跌落到如此低。神把他從一個放羊的提升到身居王座。祂以財富和美地恩賚大衛。他身居榮耀的頂峰，受到人們的愛戴和尊敬。但是有一天，大衛在王宮的平頂上散步，看到拔示巴的美貌，頓生貪戀，結果犯了可怕的奸淫罪。更過之，他為了掩蓋其罪，將拔示巴的丈夫灌醉，又設計將他謀殺。耶和華神宣告：*我必從你家中興起禍患攻擊你*（撒下 12：11），*所以刀劍必永不離開你的家*（撒下 12：10）。

大衛的兒子暗嫩與大衛自己的女兒（同父異母）通姦。大衛的兒子押沙龍為暗嫩設擺筵席，把他殺了。不久，押沙龍率軍前來，將自己的父親大衛趕下王位，並在王宮的屋頂上公開與大衛的妃嬪通姦。如果不是神的介入，押沙龍會殺死他的父親。

大衛種下奸淫，結果是自己的家收割奸淫。他播下謀殺的種子，在他自己的家中收割謀殺。我相信引起大衛這位父親心中的痛苦呼喊——「*我兒押沙龍啊！我兒，我兒押沙龍啊！我恨不得替你死！押沙龍啊！我兒，我兒！*」（撒下 18：33）——事實上是他自己罪的工價。自大衛和烏利亞的妻子一起犯下那罪，直到他下到墳墓，罪的工價如浪潮般一波接一波不斷地向他襲來。

既然神沒有饒恕大衛，那麼，我們若陷入罪中而不認罪悔改，你認為祂會饒恕我們？如果說有人千方百計地掩蓋自己的罪過，那就非大衛莫屬。沒有法官或陪審團敢對他作出判決。這件事是在暗中完成的，但他的罪惡還是追上了他。神差遣先知拿單（Nathan）去見大衛，年輕人，拿單總有一天也會出現在你面前。如果你不悔改遠離你的罪惡，你的人生路上就會有神的使者擊打你。我的朋友，為什麼現在不能像大衛甦醒時那樣呼求神呢？作大衛那樣的禱告。有這樣的禱告，我們應該多麼地感謝！為什麼不現在就跪下來祈禱呢？

大衛求赦免的禱告

神啊，求你按你的慈愛憐恤我，
按你豐盛的慈悲塗抹我的過犯！
求你將我的罪孽洗除淨盡，
並潔除我的罪！
因為我知道我的過犯，
我的罪常在我面前。
我向你犯罪，唯獨得罪了你，

我們種什麼就必收什麼

在你眼前行了這惡，
以致你責備我的時候，顯為公義；
判斷我的時候，顯為清正。
我是在罪孽裡生的，
在我母親懷胎的時候，就有了罪。

你所喜愛的，是內裡誠實；
你在我隱密處，必使我得智慧。
求你用牛膝草潔淨我，我就乾淨；
求你洗滌我，我就比雪更白。
求你使我得聽歡喜快樂的聲音，
使你所壓傷的骨頭可以踴躍。
求你掩面不看我的罪，
塗抹我一切的罪孽。
神啊，求你為我造清潔的心，
使我裡面重新有正直的靈。
不要丟棄我，使我離開你的面，
不要從我收回你的聖靈。
求你使我仍得救恩之樂，
賜我樂意的靈扶持我。
我就把你的道指教有過犯的人，
罪人必歸順你。

神啊，你是拯救我的神，
求你救我脫離流人血的罪，
我的舌頭就高聲歌唱你的公義。
主啊！求你使我嘴唇張開，
我的口便傳揚讚美你的話。
你本不喜愛祭物，若喜愛，我就獻上，
燔祭你也不喜悅。
神所要的祭，就是憂傷的靈，
神啊！憂傷痛悔的心，你必不輕看。

求你隨你的美意善待錫安，
建造耶路撒冷的城牆。
那時，你必喜愛公義的祭
和燔祭，並全牲的燔祭；
那時，人必將公牛獻在你壇上。
——《詩篇》51篇

歷史例証

你也許說你不相信聖經。那就來看看歷史，看看這種因得果的律是否真實。馬克森提烏斯[16]（Maxentius）建了一座偽橋意圖來淹死君士坦丁（Constantine），結果反而自己淹死了。巴耶济

16　馬克森提烏斯（Maxentius，283-312），羅馬帝國西部皇帝。312年在米爾維安大橋戰役被君士坦丁打敗，兵敗溺死。

德[17]（Bajazet）打造了一個鐵籠子打算來關帖木兒[18]（Tamerlane），結果自己反被帖木兒關在裡頭。馬克西米努斯[19]（Maximinus）挖掉了成千上萬基督徒的眼睛，但不久之後，一種駭人听聞的的眼病在他統治的國中爆發，他本人也在極度痛苦中死去。瓦倫斯[20]（Valens）下令將大約八十名基督徒押上船送進大海並活活燒死；後來他被哥特人打敗，逃到一座小屋裡，被活活燒死。

亞歷山大六世[21]（Alexander VI）為他人辦酒席踐行，結果自己反倒被酒毒死。法國的亨利三世[22]（Henry III），曾幫助策劃對法國新教徒的殘忍屠殺，結果他在策劃屠殺的同一個房間裡被刺殺。瑪麗・安托瓦內特[23]（Marie Antoinette）騎馬前往巴黎圣母院參加她的婚禮，命令士兵將所有乞丐、殘疾人和衣衫襤褸的人逐出慶祝隊伍。她眼裏不願看到這些可憐的人。此後不久，她被綁在劊子手車上，由馬拖著前往刑場，街道兩旁的人群盯著她，人人心冷如冰、硬如石。當福倫

17 巴耶济德，又譯巴耶濟德一世（Bajazet，1354–1403），奧斯曼帝國第四任的君主，1402年戰敗于帖木兒。

18 帖木兒（Tamerlane，1332-1405），帖木兒帝國創始人。

19 馬克西米努斯，又译馬克西米努斯·戴亞（Maximinus，270–313），自立羅馬帝國東部皇帝。傳說死於甲狀腺眼症。

20 瓦倫斯（Valens，328-378），羅馬帝國東部皇帝。

21 亞歷山大六世（Alexander VI，1431-1503），羅馬教宗。

22 亨利三世（Henry III，1551–1589），法國國王。曾在聖巴托羅繆節法國新教徒大屠殺中扮演过主要角色。

23 瑪麗・安托瓦內特（Marie Antoinette，1755-1793），法國革命前的最後一位法國皇后。法國大革命爆發後，她被送斷頭台處死。

[24]（Foullon）被問及飢餓的民眾將如何生存時，他說，「讓他們吃草吧。」後來，憤怒的暴民在巴黎街頭抓住他，將他吊死在燈柱上，然后，將他的頭砍下插在長矛上，用草塞滿他的嘴。

24 福隆，又译福隆・德・杜埃（Foullon de Doué, 1715-1789），法國政治家，法國大革命前曾任財政大臣。法國大革命中被處死。

第五章

收割的多過種下的

又有落在好土裡的，就結實，有一百倍的，有六十倍的，有三十倍的。——《馬太福音》第十三章8節

西班牙人有這樣一個諺語：「種思念，收行動。播一種行為，收一種習慣。播一種習慣，收一種性格。播一種性格，收一種命運。」如果我播種一筐，我期望收穫十筐或二十筐。我可以播種一天，收穫時得用十個人才行。我曾聽說，有一種豆子可以自我繁殖一千倍。據說，從一艘船的甲板上吹來的一束薊花落在南海島嶼，結果整個南海島嶼薊花盛開。一顆橡子長出一大棵橡樹，氣勢磅礴的密西西比河則發源於一個小泉。

一杯威士忌可以導致酒鬼死亡。一個謊言會毀了一個人的職業生涯。一個人青年時期的一個錯誤會伴隨其一生。有人說過，許多基督徒花了一半的時間來遏止年青時播下的惡種發芽。除非受到抑制，否則想喝酒的慾望就會變成極度的貪喝；玩紙牌遊戲的興趣將發展為無法自持的賭徒狂熱。

亞伯拉罕奉神的命令獻上他的獨生子，而這一順服行為的結果，是神賜給他的後裔多如天上的星，海邊的沙。

雅各撒了一個謊，結果他的十個兒子將他的謊言翻了十番。雅各以為約瑟死了，為他悲痛了二十年。我毫不懷疑，他夜復一夜地為約瑟哭泣；在他的夢中，他看到那男孩子被獸撕成碎片，聽到他的求救聲。雅各長時間地咀嚼吞咽他的報應。

以色列人因探子帶回來迦南地的消息向神發怨言。豈不知他們因此而承受成倍的報應？聽聽主耶和華對他們說的話：*按你們窺探那地的四十日，一年頂一日，你們要擔當罪孽四十年，就知道我與你們疏遠了*（民 14：34）。

有一次，我在聚會裏特別提到一個人將收割多於他播種的，有個面對我坐在前面的人垂下頭大聲哭泣。會後，有個朋友上前問他，「出了什麼事？」

那人指著我說，「他講的每個字都是事實。四年前，我是本市一家律師所的機要秘書。我有理由相信，如果我像開始時那樣繼續下去，我現在還會留在所裡。然而，有一天晚上，我在一家酒店裡喝醉了酒，犯了罪。我被關進監獄，在那裏披麻蒙灰懺悔。今天，我是第一次回城來。我去了我原來的工作地方求復職，他們叫我離開。我又去了我認識的其他企業，得到相同的待遇。我在街上遇到我認識的人，他們的職位比我原先的要低，我舉起帽子向他們打招呼，可是沒有人理睬。」那人痛苦地絞著手說：「這是千真萬確的。收割要比播種更多，而且時間更長。」

你不相信？問一下你的鄰居——他因醉酒而喪失人品，信譽，以至房子；給他的家庭帶來莫大的災難。人品是要經過很長的時間來建造，但你可以將它毀於一旦。

幾年前，哥倫布市（Columbus）監獄裡死了一個人，此人在牢房裡呆了三十多年。他曾是俄亥俄州的百萬富翁之一。五十年前，當他們計劃從芝加哥到紐約建一條鐵路，想在靠近克利夫蘭（Cleveland）他的農場鋪鐵軌。他不願他的農場被鐵路分割，結果成了個案子上了法庭。結果是法庭允許修路，同時任命專員來支付此人因修路而造成的損失。

鐵軌鋪設後，一個漆黑的夜晚，一列火車脫軌，造成數人喪生。事故調查的結果是有人故意破壞鐵軌。此人成了嫌疑犯。結果他受審判，被判有罪，終身監禁。不久，農場被划分為城市地段，這個人因土地升值成了百萬富翁——可惜他沒有從中得到任何益處。他在鐵軌上設置障礙物也許用不了一個小時，但他卻花了三十多年的時間來吞下這一舉動的果子！值得感謝的是，牧師告訴我，在這個人死之前，他成為了神的孩子。然而，即使他將生命獻給基督之後，他仍然要承擔自己行為的後果。

我們讀到，法國歷史上，某位國王想要一種新的刑具來懲罰囚犯。蒙他賞識的一位顧問建議他造一個牢籠，籠子不長也不高，人即不能躺下也不能站起來。國王接受了這個建議，然而，第一個被關進籠子的，正是提建議造它的人。他被關在裡面十四年。他衹用了幾分鐘就提議這個殘酷的裝置，但他卻花了長長十四年來吞嚥他播下的果實。

一個人若獨自收割惡果，也許還不算太慘，但當他讓敬虔的父親、愛他的母親、妻子和家人與他一起收割時，這就很慘了。酒鬼豈不是讓妻兒吃苦頭嗎？賭徒豈不讓親戚來背鍋嗎？妓女不是讓她的父母收割痛苦和恥辱嗎？罪是何等苦毒的隱敵！願神幫助我們每個人立刻轉離它！

每當我聽到某個年輕人漫不經心地高談如何播種他的野燕麥時，我根本笑不出來。我實在想哭泣，因為我知道他會讓他那白髮蒼蒼的母親以淚洗面。他會讓他的妻子蒙羞收割。他要讓他的老父親和他無辜的孩子和他一起收割。衹需要十年、十五年或二十年，他就得收割他播下的野燕麥。沒有人能逃脫種因得果。*他們所種的是風，所收的是暴風*（何 8：7）。

我們無法控制我們的影響力。我在我的地裡種薊，當薊成熟時，風會把它吹下來，吹過籬笆，落到鄰居的地裡，結果，我的鄰居和我一起收割。同樣，我立的榜樣會被我的孩子或鄰居效仿；無論是好是壞，我的行為會經他們無限地複制。因雅各、大衛和羅得等人的罪，有多少人遭禍！

几片殘葉一無所有

聖靈嘆息，無比憂傷：
几片殘葉，一無所有！
浪跡多年，枉費生命；
縱容情欲，良心沉睡，
誓言諾言，全然拋棄，
經年爭扎，收穫僅此
几片殘葉，一無所有！
几片殘葉，一無所有！

几片殘葉，一無所有！
熟穀良倉，空空如也：
我們播種；稗子雜草，

種因得果

善事良行，噩語閒話
辛勞一生，痛苦收穫，
几片殘葉，一無所有！
几片殘葉，一無所有！

几片殘葉，一無所有！
記憶編織，凄哀悲傷
飄搖往事，無可掩蓋；
細細追尋，疲憊人生，
一一計算，喪失日子，
終於伏首，悲哀發現
几片殘葉，一無所有！
几片殘葉，一無所有！

我主將遇，啊呀是誰，
隻身帶來，几片枯葉？
救主腳下，審判台前，
誰將獻上，金穀成堆？
几片殘葉，一無所有！
几片殘葉，一無所有！

——露西・埃維萊娜・阿克曼[25]

到了樹下，竟找不著什麼，不過有葉（可 11：13）

---

25 露西・埃維萊娜・阿克曼（Lucy Evelina Akerman，1816-1874），基督教聖詩作者。

第六章

對種子的無知不可推諉

你們不要把這事看做稀奇。時候要到，凡在墳墓裡的，都要聽見他的聲音，就出來，行善的復活得生，作惡的復活定罪。

——《約翰福音》第八章28–29節

請注意，對種子種類的無知並不能逃脫收割的結果。如果我以為我種的是良種，結果是劣種，我就不會有好收成；因此，我必須注意我播下的是哪類種子。

假設我遇到一個正在播種的人，我問他說：「你好，夥計。你在種什麼？」

「種子唄，」他說。

「什麼樣的種子？」

「我不知道。」

「你不知道會長什麼？」

「我不知道，但我知道是種子呀；這就夠了，所以我在下種。」

你也許會說此人是個大瘋子，是不是？然而，他要是跟那持續為永恆播種卻從來不問自己播的什麼種子，將來收割什麼果子的人相比，簡直就是小兒科。

做父親的，你在自己家裏播的什麼種？你為你的子女樹立一個好榜樣，還是恰得其反？你是終日泡在酒店、俱樂部，結果成了他們的陌生人，還是你常常為神和公義訓導他們？

有個男人曾經說過，他不會和兒子談論基督教，而是希望孩子長大後自己做決定，不要受他的影響。不久，那男孩摔斷了胳膊，當醫生治療時，男孩一直說髒話詛咒。

「啊哈，」醫生對孩子父親說，「你怕以正確的方式影響這個男孩，但魔鬼可沒有這種成見。他已經把你的兒子領向了另一條路。」父親讓孩子們放縱的想法是多麼可悲！大自然本身除了草什麼都不長。

塞繆爾・泰勒・柯勒律治[26]的一位朋友曾經反對用選擇性的方法來教給年青人應學的東西，認爲這種方法會損害他們的思維能力。柯勒律治，這

---

26 塞繆爾・泰勒・柯勒律治（Samuel Taylor Coleridge，1772-1834），英國詩人、文學評論家、哲學家和神學家。成名作有《古舟子咏》、《忽必烈汗》和《文学传记》。

位哲人兼詩人，就邀請這位朋友參觀他的花園，他帶朋友來到花園一隅，衹見那裡長滿了醜陋無香味的雜草，蔓過了花床和小徑。

「你不能把這叫做花園！」他的朋友說。

「是嗎！」柯勒律治說，「你想讓我專種玫瑰和百合嗎？」

難道你從來沒有注意到，思想和心靈也是相同的情況嗎？任孩子懶懶散散，撒但很快就會引誘他胡鬧搗蛋。他必須得到照顧。必須為他選擇那些有助於培養品格的東西，而有害的東西則必須被排除在外，就像農夫一邊辛勤地耕種養育有用的農產品，一邊不斷地與雜草和所有無助於健康生長的東西作鬥爭一樣。

有個殺人犯要承受他的罪行的懲罰。談到他恣意放盪的生涯，他說：「我受過如此糟糕的訓練，怎麼可能不是這樣呢？我從小就受這些東西的教導。我還衹有四歲的時候，我媽媽把威士忌灌在我的喉嚨裡，看看我的反應如何。」在他被處決的那天早上，可憐的母親去向兒子道別——是她的影響導致了這個可恥的結局。

有天清晨，一場小雪過後，一位父親很早就出發去他的辦公室。他轉過身，看到他兩歲的兒子正試著把他的小腳放在自己的大腳印上。小傢伙叫道：「繼續走。爸爸，我來了。我正趕上你的腳步！」他把小傢伙抱在懷裡，抱到他媽媽那裡，然後又去他的辦公室。

他上班的路上有個小酒館，這人有個習慣，每天上班會到酒館裏喝一杯酒。這天早上，他照樣來到酒館，可是當他前脚剛踩進門檻，他似乎聽到一個很甜的聲音說，「繼續走。爸爸，我來了。我正趕上你的腳步！」他停在那裏，舉棋不定，直面看到將來。「我不能留下任何足跡，讓我羞愧，或深憾我的兒子步我后塵。我擔當不起後果，」他果斷地自語，然後轉身而走。

父親、母親、鄰居——你的足跡是真理嗎？是筆直的嗎？你能轉身向走在你身後的人說，「跟隨我，就像我跟隨基督一樣」嗎？你帶領你的孩子們安全地走向好牧人了嗎？*你們該效法我，像我效法基督一樣*（林前 11：1）。

播下好種子的最佳時機是在撒但撒播稗子之前。爲此，神已發出無數的警告和旨意。*你們要先求他的國和他的義*（太 6：33）。*教養孩童，使他走當行的道*（箴 22：6）。*不要惹兒女的氣，衹要照著主的教訓和警戒養育他們*（弗 6：4）。如果一個農民輕忽在春天播種，他就永遠無法挽回失去的機會，假如你疏忽了你的機會，你也同樣無法挽回。青少年時期是播種期，如果放任自流沒有播下好種子，雜草就會遍地生長出來。屆時要將雜草連根拔起則需要付出艱苦的努力。

一位老神學家說，當一個好農夫看到田裡有雜草時，他會把它拔掉。如果拔得夠早，空禿處很快就會被莊稼填滿，莊稼會遍及整片田地；但如果拔得太遲，空禿處就會一直在那裏。如果打從開始就未讓雜草生根，那就更上一層樓了。

年青人，你是否讓某種隱秘的罪控制了你，綁住了你的手腳？它現在正在增長。每一個罪都會不斷地增長。幾年前，當我在格拉斯哥（Glasgow）對五千名兒童講話時，我拿起一根線軸對其中一名個子最大的男孩說：「你相信我能用那根線把你綁起來嗎？」

他嘲笑我的這個想法。我把線繞在他身上幾圈，他猛地一下就把線給崩斷了。然後我把線在他身上繞了又繞，接著我說：「現在看看，你還能不能自由脫身。」結果他手腳一點不能動彈。你若已成了某種罪惡習慣的奴隸，你就必須根除這個習慣，否則它會將你置于死地。

我的朋友，你撒的是什麼種子？想想你過去一年是如何度過的。你過著雙重生活嗎？你是否一直自稱是基督徒，卻沒有基督徒應有的秉性？你若對自己的生活方式有任何厭惡之處而放任之，那就是虛偽。你告訴我，神難道不厭惡它嗎？若是你的右眼叫你跌倒，就剜出來丟掉。若是右手叫你跌倒，就砍下來丟掉（參 太 5：29–30）。無論是什麼罪，都要立定心志戰勝它，不要拖延。

我的朋友，你種的是什麼種子——良種還是劣種？將來定有收割之日，不管你是否願意，你一定種因得果。告訴我，你是如何度過空閑時間？你是否把它花在講下流邪惡的故事，你自己的腦袋骯髒不說，還要把別人的腦袋也給污染？你是否讀過使你的思想邪念叢生的小說雜志？你怎樣度過主日？你用主日來划船、釣魚、打獵或旅行嗎？你是否認為傳道人都是因循守舊的——聖經祇屬於黑暗時代[27]嗎？

如果你告訴我，你如何對待你的父母，我就可以告訴你，你的孩子將如何對待你。有個男的正作準備要送他的老父親去救濟院，他的小孩子走過來對他說：「爸爸，等你老了，我是否也要送你去救濟院嗎？」

你給你父母寫過家書嗎？他們供你吃穿，教育你，可你現在晚上賭博？你還跟你不敬虔的朋友說，當你還是個孩子的時候，你的父親把基督教

27 黑暗時代（Dark Ages）通常指西歐歷史上，從西羅馬帝國的滅亡到文藝復興開始這段時間。也有稱為中世紀時期。

硬塞進你的喉嚨裡。我非常鄙視這樣說他父母的人。父母也許犯了點錯，但祇是頭腦一時有誤，而不是內心的錯誤。

如果你向他們發消息說你得了天花，我肯定他們會立即來看你。他們會心甘情願地為你而死，寧願替你得天花。你若對父母冷嘲熱諷、視如敝屣，你會有艱難的收成；你會在痛苦中收割。而這祇不過是時間問題。有句話說：「神的磨坊磨得很慢，但磨得很碎很細。」主耶穌說，*你們用什麼量器量給人，也必用什麼量器量給你們*（可 4：24）。

我上次在倫敦時，有個人告訴我說，英國在某一方面比美國有優勢。我問如何。他說：「比起美國，我們英國更尊重自己的法律。你們連一半的殺人犯都不會上絞刑，但我們所有的殺人犯，祇要能被證明有罪，就會被絞死。」

我說，「這兩個國家都沒有絞死最壞的兇手。假如我的兒子要殺我，我寧可讓他直接殺了我，也不願他花五年時間來折磨我至死。最邪惡的殺人犯，是一個年青人夜復一夜半夜三更回家，當他的母親責備他時，他對她的白髮詛咒，慢慢地將她折磨死。」

說實在，美國全國各地到處都是這樣的例子。你也許沒有犯過如此黑暗和骯髒的罪，但我告訴你，任何一種罪都會增長。如果你心裡有罪，你就不知道它會使你落在何處。沒有什麼比罪更能使兒子與母親，或丈夫與妻子，分離了。神的恩典將人們聯繫在一起，但罪將他們撕裂並分開。

我的朋友，你在撒什麼種子？將有什麼收穫？你將有一個悲傷可怕的收穫，還是一個喜樂的收穫？如果你以為撒了稗子也會長出麥子，那你就大錯特錯了。如果你認為你可以放縱肉體情慾而獲得永生，那你就是自欺欺人。神說，*順著情慾撒種的，必從情慾收敗壞；順著聖靈撒種的，必從聖靈收永生*（加 6：8）。

謹慎選擇

我懇求你慎重選擇你的道路。農夫在挑選種子時很小心。他絕對不要壞種子或劣質種子，因為他知道，這些種子會帶來不好的收成。他找他能買到的最好的種子。同樣，你若選擇順著肉體撒種，你必定收割敗壞。你若犯了罪，它會讓你陷入恥辱的墳墓。

選擇是一件嚴肅的事情。你現在就可以選擇，讓此時此刻成為你人生的轉折點。征服秘魯期間，有一次，皮薩羅[28]（Pizarro）的追隨者威脅要棄他而

28　法蘭西斯克·皮薩羅（Francisco Pizarro，1478-1541），西班牙早期殖民者，以征服南美洲，尤其是秘魯，著稱。

去。這群人聚集在海岸邊，準備啟程回家。皮薩羅拔出劍來，在沙灘上劃了一條從東到西的線。然後，他轉向南方，說：「朋友們，同志們，那邊是辛勞、飢餓、赤身裸體、狂風暴雨和死亡。這邊是安逸和快樂。那邊是秘魯及其所有的財富；這裡是巴拿馬及其貧困。願每個人都選擇成為勇敢的卡斯蒂利亞人。就我而言，我選擇往南方去。」說著，他跨過那條線；接著，一個又一個的戰友跟了上來——就這樣，南美的命運定了下來。

拿破崙曾經獲得土耳其砲兵軍官的職位。但他拒絕了。如果他選擇接受，歐洲的歷史也許就會不同。

你的永恆取決於你對屬靈事物的選擇。一邊有基督；另一邊則是世界。你必須在兩者之間做出選擇。甭想麥子和稗子都種。哦，選擇基督！切勿半心半意。把你的整顆心都獻給祂。祂死是為了救贖你脫離罪的咒詛，祂活著是為了救你脫離罪的權勢。

一個人不能侍奉兩個主（太 6：24）。你不能同時屬於兩個王國。布魯厄姆勳爵[29]（Lord Brougham）越來越喜歡法國的戛納，他想入籍成為法國公民，但發現不可能既是英國貴族又是法國小鎮的公民；他必須舍此取彼，棄一而得一。

29　布魯厄姆勳爵（Lord Brougham，1778-1868），英國政治家，曾任大不列顛大法官。

這就是意志發揮作用的地方。跟在屁股後面跑，隨波逐流很容易，但要與流行輿論和實踐的潮流相抗衡，就需要一定的品格和道德支柱。

南北戰爭後期，一名逃兵來找匹茲堡的北方聯軍。人家問他，「你為什麼要逃離南方邦聯？」

他回答說：「因為大家都這麼做了。」

很多人都是以此為理由來使自己的行為合理化。他們會按照「身在羅馬，便為羅馬人」的說法行事，而忽略了考察判斷羅馬人行事正負。如果羅馬人行事不正，如果必要的話，你應該挺身而出反對整個國家，如同但以理在巴比倫所做的那樣。

全能的神在以色列人面前設了兩種選擇，現在我也把它們擺在你們面前。當你選擇時，請記住，你的永恆就在於你將重量放在天平的哪一頭。

> *「看哪，我今日將生與福、死與禍，陳明在你面前。吩咐你愛耶和華你的神，遵行他的道，謹守他的誡命、律例、典章，使你可以存活，人數增多，耶和華你神就必在你所要進去得為業的地上，賜福於你。*
>
> *倘若你心裡偏離，不肯聽從，卻被勾引去敬拜侍奉別神，我今日明明告訴你*

們：你們必要滅亡！在你過約旦河進去得為業的地上，你的日子必不長久。

我今日呼天喚地向你作見證，我將生死禍福陳明在你面前，所以你要揀選生命，使你和你的後裔都得存活。且愛耶和華你的神，聽從他的話，專靠他，因為他是你的生命，你的日子長久也在乎他。這樣，你就可以在耶和華向你列祖亞伯拉罕、以撒、雅各起誓應許所賜的地上居住。」（申 30：15-20）

第七章

饒恕和懲戒

你照著各人所行的報應他。

——《詩篇》六十二篇12節

因為我們眾人必要在基督臺前顯露出來，

叫各人按著本身所行的，或善或惡受報。

——《哥林多後書》五章10節

我估計有人會說，「我去教會，教會說是如果我們承認我們的罪，神會原諒我們；現在我聽到的，是我必須種因得果，收割自己播下的種子。我怎樣才能使寬恕的教義和懲戒的教義合一？聖經說，*我們都如羊走迷，各人偏行己路，耶和華使我們眾人的罪孽都歸在他身上*（賽 53：6），你們卻說我種的是什麼，收的也是什麼。」

假設我差派我的僱工去播種小麥，當小麥長大時，雜草與小麥混在一起。然而，一年前我的地裡沒有雜草，於是我就問我的僱工：「你知道地裡長了雜草嗎？」

他說：「是的，我知道。你派我去播種小麥，我當時很生氣，就把一些薊草種和小麥種混在一起播下去了。但是你答應過我，我若做錯了，但承認我錯了，你會原諒我。現在，我要你遵守諾言，希望你能原諒我。」

「是的，」我說，「你說得很對，我原諒你播種薊草。不過，我要你知道，當收穫季節到來時，你逃不過要連同小麥一起收割薊草。」

許多基督徒正在連同小麥一起收割薊草。你也許在二十年前把薊草和小麥混在一起播種，現在正在收割。也許是一件見不得人的事，常常浮現在你的眼前，甚至是在你最肅穆的時刻，讓你心煩意亂忐忑不安。也有可能是不加思索的惡言劣行，你都差不多忘記了，現在突然蹦了出來。

我聽約翰・B・高福[30]（John B Gough）說過，他寧願砍掉自己的手，也不願犯某種罪。他沒有具體說是什麼罪，但我一直認為是他如何對待他母親的方式。他母親去世時，他是一個淒慘的、常常醉倒在陰溝裡的酒鬼。可憐的婦人受不了兒子的折磨，結果心碎而死。神原諒了高福，但高

30 約翰・B・高福（John B Gough，1817-1886），著名美國禁酒活動家。

福本人從未原諒自己。有很多人做了一些至死都不會原諒自己的事情。

「此時此刻，」有人說，「從許多失足女恥辱的淫窟裏，發出要求正義回報的無聲呼籲。許多醉漢悲慘的家中，傷心欲絕的妻子，飢餓的孩子，都向神發出淒慘的呼籲。」

我相信，為了基督的緣故，父神完全自由地寬恕了我們的罪，但祂允許保留某些懲罰。如果一個人把多年的歲月浪費在放蕩不羈的生活中，他就甭想重頭再來。如果他違背了自己的良心，那麼傷痕將伴隨他的余生。如果他玷污了自己的名譽，其影響永遠無法洗刷掉。如果他因縱慾、邪惡而毀壞了自己的肉體，他必須受苦至死。正如傳教士托馬斯・德威特・塔爾馬奇[31]（Thomas De Witt Talmage）所說，「神的恩典是賜人一顆新心，但不是新的肉體。」

「約翰，」有位父親對他的兒子說，「你去把榔頭給我拿來。」

「是，先生。」

「現在，去給我拿一根釘子和一塊松木板。」

「都在這裡了，先生。」

31　托馬斯・德威特・塔爾馬奇（Thomas De Witt Talmage，1832-1902），美國的傳教士、神職人員和牧師，曾在美國改革宗和長老會教會擔任牧師。

「你能把釘子釘進木板嗎？」兒子就遵命把釘子釘進木板。

「請再把釘子拔出來。」父親說。

「這很簡單，先生。」兒子回答。

「現在，約翰，」父親壓低聲音說，「把釘孔也給拉出來。」

每做錯一件事都會留下傷痕。哪怕那塊木板是一棵活樹，傷疤依然在。即使是我們最嚴重的罪，神的救贖也足夠用，這是千真萬確的。就我的罪竭力擾亂破壞我與神的關係而言，神可以將我的罪洗得潔白如雪，完全消失；然而，即使我們最小的罪，也會在我們的生活、性格、記憶和良心中留下痕跡和後果。比如說，有時是我們的弱點，通常則反映在我們世上的地位，我們的聲譽，我們的成功，我們的健康，以及數以千計的其他方式。儘管神會讓那些罪終止不再犯，卻不會伸出祂的小指頭來移除這些罪的痕跡。

萬萬不要認為宣告饒恕的福音，可以簡化為僅僅是宣告有罪不罰的福音。這是不可能的。保羅不是對非基督徒而是對基督徒說，*不要自欺，神是輕慢不得的。人種的是什麼，收的也是什麼*（加 6:7）。神愛我們之深，以至於當祂的孩子犯罪時不懲罰他們，同樣，神愛我們之深，以至於不蕩除（如果可能的話）我們的過犯所留下的後果。我們必須認識這一真理的兩側——我們最大的罪和本應得的懲罰（我們這樣稱呼它們），即與神的分離和極度痛苦的罪惡感，已被一掃而盡；而有些後果則被允許保留，對於那些犯了罪的人來說，這些後果之所以被允許保留，也許是讓他們得到更多的祝福和益處。

麥克拉倫（MacLaren）說：

> 如果你浪費了你的青春，悔改不能將時鐘回轉去掉陰影，或者重得因無動於衷而失去的戰地，恢復因放蕩而支離破碎的肉體，或歸還浪費在罪上的資源，或挽回稍縱即逝的機會。……就良醫來說，因祂有福之名，傷口可以醫治。祂持有柳葉刀，綳帶，香膏和鎮痛劑，即使是致命的創口也必得醫治。但是，縱然傷口閉合，疤痕仍然留存。[32]

神赦免了摩西和亞倫的罪，但他們都受到一定的懲罰。倆人都未被允許進入應許之地。雅各在雅博渡口成為神的王子，然而，直到他生命的盡頭，他全身都帶有掙扎的印記（參 創32：28-31）。即使在最懇切和不斷的禱告之後，保羅身上的刺

32 原注：這段話摘自英國非國教牧師亞歷山大•麥克拉倫（Alexander Maclaren，1826-1910）對《詩篇》九十九篇6節的書評。

也沒有被拔掉。然而，那刺失去了它的毒性，成為傳遞恩典的渠道（林后 12：7-9）。

也許這就是為什麼神不消除這些罪惡懲罰的原因之一。祂打算將它們用作祂管教的印記。*因為耶和華所愛的，他必責備，正如父親責備所喜愛的兒子*（箴 3：12，和合本）。如果塵世的後果被完全消除，我們很可能會再次陷入罪惡之中。懲罰不斷提醒我們的軟弱，提醒我們必須謹慎，依靠神。

一天晚上在芝加哥，我們在YMCA的一次會議結束時，一位年青人差不多跳起來說：「慕迪先生，你能讓我說幾句話嗎？」

「當然可以，」我說。

然後，他用了差不多五分鐘的時間，懇求在座的那些人脫離罪。他說：「如果有人對你靈魂的生死存亡有負擔，請善待他們，因為他們才是你最好的朋友。我是個獨生子，我父母對我非常關心。每天早上，我父親都會在家庭祭壇前為我祈禱。每天晚上，他都會把我交託給神。我放蕩不羈，輕率魯莽，不喜歡家裡的約束。父親去世後，母親接手了家庭崇拜。很多次她來找我說，『哦，孩子，如果你願意留下來參加家庭禮拜，我將是世界上最幸福的母親；但是，當我祈禱時，你甚至都不呆在家裡。』

「有時，我夜裏喝酒後，深更半夜回家，會聽到母親在為我祈禱。甚至有時在凌晨時分，我會聽到她為我祈禱的聲音。最後，我覺得，我要麼成為基督徒，否則衹有離家出走。有一天，我收拾了一些東西，瞞著母親偷偷離家出走。

「一段時間過後，我間接聽說我母親病得不輕。不好，我當時想，一定是我的所作所爲使得她病倒了！我的第一感是立馬啓程回家，在她最后的日子裏讓她開心。但是，馬上一個念頭跳出來：如果我回家，我就非得成了基督徒不可。立時，我那驕傲的心就反抗，我自語說，『不行，我不能成爲基督徒。』」

又過了幾個月，他聽説他母親病情越來越嚴重。這回他想，*如果我母親死了，我永遠無法原諒自己*。

這個念頭驅使他趕快回家。天黑時，他才到達他的老村。然後他就走回家，大約有一個半英里的路程。途中他經過墓地，就決定到他父親的墳上，看看傍邊有沒有新造的墳墓。當他快到墳墓時，他的心就跳得特別厲害。當他走近父親墳前，衹見月光灑在一座新墳上，墓碑上刻著他母親的名字。

他情緒激昂地繼續對YMCA的那些人說：「年青人，這是我有生以來第一次，有一個問題蹦出來：有誰現在將為我失落的靈魂祈禱？父親走了，母親也走了，在世時他們是唯一照看我的親人。那天晚上，我若可以將母親招回來，重新聽到母親禱告的聲音，口中唸著我的名字，我願意獻上整個世界——假如世界是屬於我的話。那晚，我整夜坐在母親的墳前。爲了基督的緣故，神聽我母親的禱告，最終，我成了神的孩子。盡管如此，我絕對不會原諒我對待母親的那種行爲，永遠不會。」

我兒今夜身在何處

對你我曾精心愛護
你曾是我喜樂光明
我之深愛我的祈禱，
兒你今夜身在何處？

你曾如晨露般清瑩，
母親膝前親密相依；
面如白玉心如純金，
如此甜蜜無人可比。

哦，我能與你相見，我兒？
甜蜜可愛一如當初，
細語微笑家添歡樂，
生活歡快仿如金鐘。

今夜去尋流失我兒，
尋遍全地衹盼他歸；
求主領他回我身邊，
愛他之深依然如初。
——羅伯特・洛瑞[33]

我親愛的朋友，神也許會饒恕你，然而，儘管你被饒恕，你的罪愆之後果將使你嘗儘苦味。

幾年前，我在芝加哥特別就以下經文佈道，*起來，上伯特利去，住在那裡*（創 35：1）。佈道會后，有個人要找我私下談，於是我們就找了個安靜無人的房間。進了房間后，衹見那人前額汗流如珠。

「怎麼回事？」我問他。

他回答說，「我是個被通緝的逃犯。我化了妝，流亡在此地。我們州的州政府有舉報捉拿我的賞金。我在芝加哥已經躲藏好幾個月了。他們跟我說地獄根本不存在，但我好像落在地獄裏已經好幾個月了。」

他曾經是一個經商的，他自己認爲手裏有很多錢。他印了僞債券，賣給客戶，心想他可以隨時開支票來支付本利。但是，他發的債券太多，結果無錢支付而露餡失敗。他說，「我逃到這裏已

33 羅伯特・洛瑞（Robert Lowry，1826-1899），美國聖詩作者，著有「唯有耶穌寶血」等著名聖詩。本詩由譯者自譯。若無特殊注明，中文詩歌均由譯者自譯。

經有六個月。我有一個妻子，還有三個孩子，但我不能寫信給他們，也得不到他們的消息。」這可憐的家夥處在極度的精神痛苦中。

我說，「爲什麼你不回去，向政府自首，面對法律，求神饒恕？」

他說，「我真想明天就登上第一班火車回去自首，祇是有一件事讓我下不了決心：我有妻子，還有三個孩子，我怎麼能讓他們蒙受恥辱？」

我也有一個妻子，三個孩子，當他這麼一說，情況就不一樣了。

嗨！我們若自己擔當責任，收割自己播下的東西，還不至於太痛苦；但當我們迫使自己幼小的孩子，妻子，或年老、一頭白髮的母親，年邁的父親來一起收割，難道不是極其痛苦嗎？我害怕罪，遠勝過害怕瘟疫或疾病。祇要神能讓我的家人遠離罪惡，我不僅現在，而且在永恆，都要讚美祂。人生道路上的最大敵人就是罪。

如果有人來找我咨詢，我總是努力把自己放在那人的位置和處境，然後盡力所能給出最好的建議。我對那人說，「我不知道說什麼好，但禱告一定不會錯。」

我就爲他禱告。之后，我就敦促他禱告，可是他說，「假如我禱告，那就意味著坦白、坐牢。」

我就請他次日正午再來見我。到了約定的時間，他來了，然後他對我說，「一切都定了。如果我真心要見伯特利的神，我就必須經過監獄來見祂。求神幫助我，我決定投案自首。我正在做回去的準備，不過我要你答應保持沉默，直等到我投案自首；然後，你可以以我為例來警示世人。當初我開始謀生時，我絲毫沒有想到今天會落到這個地步！當我和我愛妻結婚時——我們州最優秀家庭之一的愛女，我絕對沒有想到今天我給她帶來如此大的恥辱。」

當天下午四點，他啓程回密蘇里。午夜過後他才回家，在家裏躲藏了一個星期。在寫給我的一封信中，他寫到他不敢讓他的孩子知道他在家裏，怕孩子們把消息傳給鄰居家孩子。到了晚上夜深人靜的時候，他會偷偷地溜出來去看那熟睡的孩子們，遺憾的是，他不能擁抱不能親吻。哦，這就是罪的結果！就在今天，我們每一個人能不能都摒棄罪來轉向神！！！

有一天，那人躲在隱蔽處，聽到他的小男孩問媽媽，「媽媽，爸爸還愛我們嗎？」

「當然，」母親回答說，「為什麼你要問這個問題？」

「哦，」小家夥說，「爸爸離開很久了。他沒有寫過一封信也從不來看我們。」

最後，那個晚上，他從隱藏處出來，久久地看著那天真無邪，正甜蜜入睡的孩子們。然後，他緊緊地摟著妻子，吻了又吻，戀戀不捨地離開那曾經幸福美滿的家，向警察長自首。次日，他當庭認罪，被判十九年監牢。我相信神已經饒恕了他，可是他無法原諒自己，衹好收割自己播下的惡種。我求州長憐憫開恩，最後這個人被赦免。

前段時間，我講道時提起這件事，有人卻不相信。恰好，赦免那人的州長也在場。州長站起來說：「我親自赦免了那個人。」州長赦免了他，他又活了幾年，但從他犯下罪開始，他就得自食其果。哦，親愛的讀者，我懇求你：戰勝那折磨你的罪，無論它是什麼！

將來的懲罰

我估計有人會說，「我很高興，慕迪先生還沒有嚇唬我們將來是個什麼光景。我同意他所講的，在我們有生之年，我們會得到應得的賞罰。」

你要是以爲我真是這樣想，那你可是大錯特錯。神的獨生子親口講出來的有關將來如何的一句話，在我心中扎根永駐，固若金湯：*我要去了，你們要找我，並且你們要死在罪中。我所去的地方你們不能到*（約 8：21）。如果一個人不放棄酗酒、褻瀆、道德淪喪和貪婪，天堂對他來說就是地獄。天堂是為有準備的人預備的地方。一個人若在地上都不能承受聖潔的社會，那麼他能在天上做什麼呢？

「在我們有生之年會得到所有應得的賞罰」這樣的說法是不切實的。看看有多少行了罪的罪犯逃之夭夭。常常是那些老奸巨猾的慣犯逃過法網，而被抓住的往往是犯罪傾向較輕的人。打個比方，一個男人戲弄踐踏了一個女孩子。難道他在世上肯定受懲罰嗎？不，他在社會上照樣大搖大擺。而他情慾的受害者——無辜地被他引誘犯罪的女孩子，卻成了被拋棄的人。此人的懲罰將推遲到另一個世界。

永恆！

哦，生命的時鐘！
叮叮噹噹晝夜不停；
厭倦了這樣的鐘聲，
因為沒有帶來平安；
屏住呼吸我們聆聽，
睜大眼睛我們遙看，
新的海岸越來越近
——永恆！永恆！

哦，生命的時鐘！
千變萬化起落無窮，
但在細語升華之中，
有聲音清晰地傳遞，
就是那必聽的呼喚，
隨著時光迅速飛逝，
傳遞著唯一的聖詞
——永恆！永恆！

哦，生命的時鐘！
鐘聲響亮嚴酷低沉，
我們一生來來去去
路途漫長不安而行；
一心渴望微微信息，
見微知著憧憬未來，
生命氣息息息環繞
——永恆！永恆！

哦，生命的時鐘！
瞬間音韻寂靜無聲，
在喜樂和平中昇華
我們感到寂靜來臨；
我們靈魂如飲甘泉，
榮耀黎明破曉之時，
我們將見神聖君王
——永恆！永恆！

——艾倫・M・H・蓋茨[34]

34 艾倫·M·H·蓋茨（Ellen M. H. Gates，1835-1920），美國聖詩作者，詩人。

第八章

警戒

你們要謹慎，免得有人迷惑你們。

——《馬太福音》二十四章4節

神願意叫他們知道，這奧秘在外邦人中有何等豐盛的榮耀，就是基督在你們心裡成了有榮耀的盼望。我們傳揚他，是用諸般的智慧勸誡各人，教導各人，要把各人在基督裡完完全全地引到神面前。

——《歌羅西書》一章27–28節

警戒乃是愛的標誌。還有誰的警戒像母親，誰的愛如母親？也許你的母親已經不在了，你的父親也許也過世了。讓我代替那些已經離世的人，讓我發出警告的聲音。和保羅一樣，我要說，我寫這話，不是叫你們羞愧，乃是警戒你們，好像我所親愛的兒女一樣。（林前 4：14）

一名領航員駕著一艘蒸汽船沿著坎伯蘭河（River of Cumberland）下行，他隱約看見在狹窄的河道中有一盞燈，顯然是從一艘小船發出來的。他當時的直覺是無視信號繼續駕船下行。就在他走近燈光時，一個聲音喊道：「讓開！讓開！」

他惱羞成怒，大聲謾罵那在他以爲是故意擋道的船夫。當他到達下一站時，他才得知有一塊巨石從山上落到河裏，有人在巨石落下之處放了一盞信號燈，用來警告來往的船隻，當心潛在的危險。唉！許多人以同樣的態度看待神的警告，他們對任何好心警告他們的人都甚感憤怒，尤其是那些警告在他們的道路上會遇到石頭的人。我相信，最終這些人會醒悟過來。

摩西是以色列兒女最忠誠的朋友。若沒有摩西的警戒，以色列早就偏離真道而行。當摩西的警告無人理會時，麻煩事就臨到以色列人的頭上。同樣，以利亞是亞哈最好的朋友（參 王上）。

我真希望我能像耶穌基督那樣警戒衆人。當主耶穌登上橄欖山，祂的心極爲哀慟，為耶路撒冷哀嘆道，*耶路撒冷啊，耶路撒冷啊！你常殺害先知，又用石頭打死那奉差遣到你這裡來的人。我多次願意聚集你的兒女，好像母雞把小雞聚集在翅膀底下，祇是你們不願意*（路 13：34）。難道主耶穌沒有警告世人？

假如我的好友要投資一個毫無收益的廢銀礦，你認爲，如果我閉口不警告他，我還算得上對他真實誠懇？難道，因爲我告戒他不要采取帶來痛苦和絕望的行動，我就愛他不夠深？*凡聽見角聲不受警戒的，刀劍若來除滅了他，他的罪就必歸到自己的頭上。他聽見角聲，不受警戒，他的罪必歸到自己的身上；他若受警戒，便是救了自己的性命。*（結 33：4–5）

你要確保你播下的種子是良種。如果你向肉體播種，你不可能有好的收穫。良種和劣種混在一起生長，不可能有雙收。其中一方必以犧牲另一方為代價而繁榮，而且劣種很可能會佔上風。雜草似乎總是比莊稼生長傳播得更快。

莊稼和雜草一起活得越久，雜草就越佔便宜。常言道：積重難返。一六九一年，英格蘭政府在蘇格蘭高地發布了一項公告，說所有以叛亂反對現政府的人，凡在本年的最後一天之前放下武器並承諾結束叛亂，都將被赦免。許多人這樣做了，但一位名叫麥克蘭（Maclan）的族長一周又一周地推遲，打算在萬不得已的時候才服從指令。當他最終決定出發前去投降接受赦免時，卻遇到了一場大風暴，勉强趕到登記處已爲時過晚。赦免的日子已經過去，報應的日子到了。結果麥克蘭和他手下的人均被處死。

當即除掉雜草是明智的。謹防長時間在罪中徘徊。你在罪中陷得越深，你的復原就越痛苦。為什麼要繼續折磨你的良知，播下痛苦悔恨的種子？不管多痛苦，立刻與罪斷絕關係！經驗豐富的外科醫生知道，當病傷不能用用藥物治愈時，往往需要進行手術。農夫整地，拿起他的鋤頭、鐵鍬和斧頭，砍掉添麻煩的植物，用火把根從地裡燒掉。

> *若是你的右眼叫你跌倒，就剜出來丟掉！寧可失去百體中的一體，不叫全身丟在地獄裡。若是右手叫你跌倒，就砍下來丟掉！寧可失去百體中的一體，不叫全身下入地獄。*（太 5：29-30）

請記住，稗子和小麥，假如不是更早被區分的話，定將在審判的日子被分別開來。順著肉體撒種和順著聖靈撒種，注定走向不同的道路（加 6：8）。*現在斧子已經放在樹根上，凡不結好果子的樹就砍下來，丟在火裡*（路 3：9）。*他手裡拿著簸箕，要揚淨他的場，把麥子收在倉裡，把糠用不滅的火燒盡了*（路 3：17）。你要警惕你的習慣。

最近，有一位作家寫到：

> 年青人如能意識到，很快他們就會成為習俗的、不加思索的行尸走肉，他們就會在

[可塑]狀態下注意自己的言行。我們正在改變自己的命運，無論好壞，永遠無法挽回結果。最小的美德或惡習都會留下它不小的傷疤。在杰斐遜[35]（Jefferson）的喜劇表演中，醉酒的里普・範・溫克爾[36]（李伯，Rip Van Winkle）為每次新的失職行為辯解說：「這次不算數！」異想天開！他不算數，仁慈的天也未必次次算數；但失職始終記錄在案。在李伯的神經細胞和纖維中，分子正將它進行計數、登記和儲存，以便在下一次誘惑到來時用來對付他。

按照嚴格的科學意義，我們所做的一切都不會被塗抹。當然，這有好的一面，也有不好的一面。正如我們因喝了一杯又一杯那麼多的酒，最終成為永遠的酒鬼一樣，我們通過一次又一次的學習實踐和時間的纍積，最終成為道德[領域]中的聖人，或實踐和科學領域裏的權威和專家。[37]

35　約瑟夫・杰斐遜（Joseph Jefferson，1829–1905），美國喜劇演員，尤以扮演里普·範·溫克爾（Rip Van Winkle）而出名。

36　里普·範·溫克爾（Rip Van Winkle），中文又譯為李伯，是十九世紀美國小說家華盛頓・歐文（Washington Irving）的短篇小說《李伯大夢》中的主角。故事情節相似于中國的王質爛柯的典故。

37　原註：摘自威廉・詹姆斯（William James，1842-1910），美國哲學家、心理學家，的《心理學原理》。

謹防誘惑。*不叫我們遇見試探*（太 6：13），我們的主教導我們要禱告；祂又說，*總要警醒禱告，免得入了迷惑*（太 26：41）。我們本性是軟弱和有罪的，當誘惑來襲時，祈求叫我們遠離誘惑，勝過被誘惑俘虜，然後祈求以力量來戰勝誘惑。防患於未然者易，除患於已然者難。土壤下隱藏著情慾和邪惡的種子，衹待時機一成熟就滋生出來。年輕人找借口說有必要嘗試一下生活的兩面，這該是多麼愚蠢！我不會把手放在火裡，來看看它是不是在燃燒。

一艘汽輪船擱淺在密西西比河上，船長無法將船脫淺。最後，一個長相粗獷的傢伙上了船，說道：「船長，我聽說你需要一名領航員來幫助你擺脫困境。」

船長問：「你是領航員？」

「沒錯，他們是這麼稱呼我。」

「你知道那些障礙物和沙堆在哪裡嗎？」

「不知道，先生。」

「奇怪，你怎麼把我從這裏弄出去，如果你不知道障礙物和沙堆在哪裡？」

「可我知道哪裡沒有它們！」是令人滿意的答復。

當孩子們還很小的時候，我們就應該播下良種，這樣可以防患未萌。撒旦不會等到他們長大才動手，我們更應當如此。

有很多漁網衹用來捕獲大魚，而幼小的魚則可以逃脫。撒旦沒有這樣的東西。撒旦是無論強弱，無論老少，能抓就抓，一網打盡。

「我們必須照顧好我們的孩子，否則魔鬼會乘機而入，」一位年輕的主日學老師說。

「魔鬼無論如何不會放過他們，」老校長回答道。「我們有可能疏忽，魔鬼不會忽視他們。」

魔鬼的傑作是要我們相信小孩子無法理解基督教。假如耶穌認爲小孩子不可能理解祂的話，祂還會以孩子為信心的標準嗎？小孩子比成年人更容易給出愛和信任，因此，我們應該把基督作為他們選擇的至高無上的對象。

不要忽視機會。拿破崙常說，「每場戰鬥中都有一個關鍵時刻——十分鐘或十五分鐘——戰鬥的成敗取決於它。掌握這個關鍵時刻就是勝利；失去它則導致失敗。」

要當心罪惡。罪的工價乃是死，而且正如所說，罪有應得——工價從來不減。罪會矇騙人，讓人相信其中有樂，還有各樣的藉口，包括否定因罪而必受懲罰的確定性。它若不欺騙，人們永遠不會從中取樂。它假裝無辜地鉆進來，吸血鬼般地嗜儘活血，剝奪行善的道德能力。

有一天，威爾伯福斯牧師[38](Canon Wilberforce)漫步在蘇格蘭的斯凱島上(Isle of Skye)，擡頭看到一隻很英武的金鷹正直冲雲霄。他就停下來，觀看欣賞它的飛行。很快，他發現那金鷹有些不對勁。它開始直綫式的往下掉，很快，撲通落在他的腳前，死了。威爾伯福斯急切地想知道它的死因，於是就把它檢查了一番。結果，沒有發現有槍傷的痕跡，但卻發現老鷹的爪子裡有一隻小鼬鼠。顯然，老鷹上飛的時候，那鼬鼠貼近老鷹的身體，從老鷹的胸部吸血，直到它斷氣爲止。同樣，每個堅持抓住罪不放的人的結局亦如此。

不要被這個世界的五顏六色所欺騙。世界會欺騙你，直到將你摧毀。「強大」（Redoubtable）是一艘法國海軍戰艦的名稱。英法海戰中，納爾遜勳爵[39]（Lord Nelson）曾兩次與此艦相遇，兩次幸免於難，不免有所輕敵；然而，最終是那艘船的鳥銃發射了殺死他的致命一彈。魔鬼把許多罪弄成蜂蜜，但在其中摻上毒藥。最真實的喜樂來自公義的好種子；其餘的都是徒勞無功。

謹防無知和冷漠。你不能忽視你的靈魂，不然後患無窮。事關重大。我從來沒聽説過，輕浮的

38 威爾伯福斯，或羅勒·威爾伯福斯（Basil Wilberforce，1841-1916），蘇格蘭聖公宗牧師（Canon），基督教作家。

39 納爾遜勳爵，或霍雷肖・納爾遜（Lord Nelson or Horatio Nelson，1758-1805），英國十八世紀末、十九世紀初著名海軍將領、軍事家。

人會被改變。除非他甦醒，意識到自己身陷迷亡絕望的處境，全能的神才會伸手拉住他的手。有一次，一艘船在海上遇到極大的危險，除了一個人之外，所有的人都跪下來禱告。他們叫他來一起禱告，他回答說：「我不參加。管好這艘船是你們的事。我衹不過是個乘客而已。」

請切切記住，僅有知識是不夠的。許多人都熟知福音的教義和應許，心裏卻沒有被救贖的恩典所感動。光有知識往往是無用的，甚至是有害的。我們需要的是認識神的旨意並遵守神的旨意。即使是有好的意向（決心）也是不夠的。毫無疑問，意向有其幫助的作用，但聖經並沒有讓我們相信意向可以拯救任何人。聖經沒有說，「凡有意向接受祂的，祂就賜給他們權柄，使他們成為神的子女，即那些有意向信祂名的人，」但聖經說，*凡接待他的，就是信他名的人，他就賜他們權柄做神的兒女*（約 1：12）。

千萬小心！我們需要時刻保持警惕，以免陷入罪惡之中。「今晚在那個點上設置雙重警衛，」這是謹慎的軍官在預料到會發生敵人襲擊時發出的命令。哪怕是上等的麥子中也會有一些稗子。我們都身懷撒旦可以利用的材料。保羅說：

> *我也知道，在我裡頭，就是我肉體之中，沒有良善。因為立志為善由得我，衹是行出來由不得我。故此，我所願意的善，我反不做；我所不願意的惡，我倒去做。若我去做所不願意做的，就不是我做的，乃是住在我裡頭的罪做的。我覺得有個律，就是我願意為善的時候，便有惡與我同在。因為按著我裡面的意思，我是喜歡神的律，但我覺得肢體中另有個律和我心中的律交戰，把我擄去，叫我附從那肢體中犯罪的律。我真是苦啊！誰能救我脫離這取死的身體呢？*（羅 7：18-24）

榮耀歸於神，他可以補充說；*感謝神！靠著我們的主耶穌基督就能脫離了。這樣看來，我以內心順服神的律，我肉體卻順服罪的律了*（羅 7：25）。

神擺在我們面前的答案很明確：*信子的人有永生，不信子的人得不著永生，神的震怒常在他身上*（約 3：36）。沒有中間路線：要麼是*信子的人*，要麼就是*不信子的人*。祂讓我們選擇，責任落在我們身上。

做出正確的選擇也許會讓你付出很多代價，讓周遭很多人心裏不好受，但我懇請你立刻採取果斷的決定。你靈魂的得救勝過所有其他任何考慮。你難道會為了眼前的利益或享樂而冒著失去永生的危險嗎？？？請我們一起來低頭禱告：「天父，我現在以貧窮卑微的罪人來到你面前。我信你的獨生子，你派祂來做我的救主。我信祂寶血，這寶血是作為挽回祭而流出，使我能安息在罪得赦免的應許中。」

哪怕最邪惡的罪人也有希望。哪里長雜草，那裡就有長好麥子的可能性。你的需要越大，耶穌就越歡迎你。祂很遠就認出並遠離驕傲自信的人，但痛悔的罪人最微弱的哭求也會得到祂的關注。

我們的主給了我們一個很簡單的驗証來幫助我們做出選擇。祂說，*「因為沒有好樹結壞果子，也沒有壞樹結好果子。凡樹木看果子就可以認出它來……」*（路 6：43-44）我們中的許多人沒有時間或能力來闡明復雜的論點或掌握深刻的教義。真理的某些方面通常是普通人無法理解的，但基督給出的驗証是簡單實用，是我們任何人都能掌握理解。

「你聽過福音嗎？」一位傳教士問一個中國人。他以前在傳教中沒有見到過這人。

「沒有，」那人回答說，「但我親眼見到過福音。我認識一個人。他曾經是他鄰居的噩夢。他是個鴉片鬼，像一頭野獸那樣兇險。但他徹底變了。他現在溫和善良，不再吸鴉片了。」

將此驗証應用於不信。不信的果實是什麼？犯罪跬步不離。社會變得混亂。貞潔、誠實和其他美德都逐漸被拋棄。整個生命都變得一團糟。

以下是一簡短的摘錄，摘自一封在英國監獄中寫的信，是對不信神的信仰體系的重大起訴：「我是十三個不信者之一。我的朋友們在哪裡？四人已上絞刑處死。一個成了基督徒。六人被判不同的刑期，有一個現在被關在我樓上的牢房裡，被判處無期徒刑。」

懷著敬畏之心，我們可以將以下這段經文應用在我們的主身上。經文中有祂自己的權柄和印證。有一次，當猶太人反對祂的作為時，祂說，*因為父交給我要我成就的事，就是我所做的事，這便見證我是父所差來的*（約 5：36）。

還有一次，他們聚集在他周圍：

> *猶太人圍著他，說：「你叫我們猶疑不定到幾時呢？你若是基督，就明明地告訴我們。」耶穌回答說：「我已經告訴你們，你們不信。我奉我父之名所行的事可以為我作見證，……」「我若不行我父的事，你們就不必信我。我若行了，你們縱然不信我，也當信這些事，叫你們又知道又明*

白：父在我裡面，我也在父裡面。」

（約 10：24-25，37-38）

尼哥迪慕（或譯為尼哥底母）有充足的理由說，*拉比，我們知道你是由神那裡來做師傅的，因為你所行的神蹟，若沒有神同在，無人能行*（約 3：2）。彼得也說，*以色列人哪，請聽我的話：神藉著拿撒勒人耶穌在你們中間施行異能、奇事、神蹟，將他證明出來，這是你們自己知道的*（徒 2：22）。

奢侈、驕傲和貪婪的結果是什麼？而另一方面，禱告、敬畏神和遵行祂誡命的結果是什麼？異教的果實是什麼？看看非洲，中國、印度和海洋中的群島和他們祭拜的木頭和石頭神。崇拜這些東西的人的智慧和道德程度如何？

即使是最好的非基督教宗教也總是被證明是失敗的。不可否認，異教哲學家的著作中也鼓勵贊揚許多高尚的美德。難道還有其他的選擇？倫理道德與人性具有一樣的普世性，因此，可以預料每隔一段時間就會有一些有思想的人，超越一般人的水平，更深入地理解、闡明道德的基本真理。在我看來，這個事實祇能證明人與神之間有著密切的聯繫。基督教從未聲稱要引入一種全新的道德體系。

問題是，這些非基督教的宗教哲學經得起考驗嗎？斯多葛主義（Stoicism）也許是希臘哲學中最高尚的學派，但它迅速發展為徹底的憤世嫉俗，並最終導致宣稱人不可能成為有道德的人這樣的一種學說。伊壁鳩魯主義（Epicureanism）起步不錯，但它的創始人還沒死就為自己贏得了一個不光彩的綽號，即它是一種祇適合于豬的學說。看看佛教，它的祭拜儀式髒兮兮的，還有殘酷的刑罰。所有這些系統都有理論與實踐脫離的弊病。他們未能實現目標，因為他們以錯誤的方式來解決難題。他們光修剪樹枝，沒有意識到樹的心臟已經腐爛了。

惟基督教才經得住將人類從困境中拯救出來的考驗。那麼它是如何提議這樣做的？不是通過將危險和需要大事化小，小事化無。聖經說，*你們已經滿頭疼痛，全心發昏。從腳掌到頭頂，沒有一處完全的，盡是傷口、青腫與新打的傷痕*（賽 1：5-6）。基督教要求重生，以聖靈重生，作為首要的事：*你們必須重生*（約 3：7）。基督教不把成聖放在稱義之前，而是先從天上賜給生命，然後，把得救贖的罪人擁抱在基督的愛以及聖靈的交通和引導中。

一個悔改歸正的中國人曾經這樣談起他的經歷：

> 我掉在一個深坑里，半陷在泥潭里，哭著求人救我。我抬起頭，看到一位德高望重的白髮老漢正低頭看著我。

「我兒，」他說，「這可是個可憎之處。」

「是，」我回答。「我掉進去了；你就不能幫我出來嗎？」

「我兒，」他回答說，「我是孔子。你若讀過我的書，按書中的教導行事，你豈會落在這裡。」

「是，夫子，」我說，「但你不能幫幫我嗎？」

我再抬頭看時，他人已無影無蹤。很快，我看到有個人影向我飄來，然後，有個人俯身瞧著我，這次是閉著眼睛，雙臂交叉。他似乎在遙望天際。

「我兒，」佛陀說，「衹要閉上雙眼，抱起雙臂，忘卻自己。屏息靜思。勿讓煩惱之事擾心。靜如處子，雷打不動。如此之，我兒，汝便得我之道，可謂萬事皆空，極樂無窮。」

「是，夫子，」我回答。「當我回到地面上時，我一定照辦。你現在就不能幫幫我嗎？」隨即，佛陀拂袖而去。

正當我開始陷入絕望時，我看到坑上面又出現一個人。與其他人不同的是，祂的臉上有著痛苦難受的痕跡。我向祂呼求：「父啊！你能幫助我嗎？」

「我的孩子，」祂說，「怎麼了？」

我還沒來得及回答祂，祂就下到泥潭，站在我身邊。祂用雙臂抱住我，把我舉起來；然後，祂餵飽我，讓我休息。當我恢復后，祂沒有說，「聽著，不要再做這種事了，」但祂說，「我們一起走吧」——從那以後我們就一直走在一起。

這是一個貧窮的中國人以他獨特的方式來訴說主耶穌的慈愛和幫助。

前些日子，我讀到一個故事，說的是有個年青人剛從酒店出來，騎上他的馬。碰巧有個執事去教堂路過酒店，這年青人就跟在執事的屁股後面，邊走邊問，「執事先生，這裏離地獄有多遠？」

執事的心裏一陣絞痛，想到這年青人居然這樣輕浮地戲談永恆的事。他什麼都沒說，繼續往前走。當他繞過拐角來到教堂時，他看到那匹馬把那個年青人摔了下來，那年青人已經一命嗚呼了。因此，你也許比你預計的更接近審判。

多年前，當我在瑞士時，我親身領悟了死亡會突然臨到我們的嚴峻事實。我看到好幾個地方曾發生過山體滑坡，那裏整個村莊都被徹底摧毀了。我看到有的地方，因大雪崩從山坡上席捲而下，一路過來，所經之處一片狼藉。

一八零六年，一個名叫戈爾道（Goldau）的村莊發生了一場可怕的災難。該村莊位於羅斯伯格（Rossberg）山腳下肥沃的山谷中。整個季節一直以來雨多，天氣異常潮濕，莊稼反倒長得格外茂盛。一天清晨，一位年青的農民出門幹活，路過一位他認識的老人的小屋，看見那老人坐在門口，在陽光下曬太陽。

「早上好，鄰居，」年青人對老人說。「也許今天會是美好的一天。」

「也是該輪到我們過個好日子了，」老人咕嚕道。「最近天氣夠潮濕的。」

「你聽到了嗎？」年青人問道。「今早最早起床的人說，他們看到老羅斯伯格的頂峰在移動。」

「沒錯！絕對可能，」老人說。「記住我的話，我以前常說：我不會活著看到它，但現在還年青的人活不到像我這樣大的年紀就能看到那山頂落在這山腳下。」

「我希望不要發生在我活著的日子裡，」年青人笑著說，然後繼續前行，腦袋裏根本沒有想到這預言離實現有多近，那即將成熟的玉米田和豐富甘美的葡萄串將瞬間蒸發；但事實確實如此。

山上的條條溪水因雨水過多而形成急流，這些水流奔騰湍急，直瀉山谷，與此同時將大片原由粘土粘合在一起的圓形岩石塊鬆動了——這些粘土岩石結構是山頂的特殊地質形態。最終，這些巨大的岩石塊，摻和著泥漿和急流，如千軍萬馬橫掃山谷，將整個村莊和大約八百名居民一併埋在底下。

你也許會問那老人後來怎麼樣？可悲的是，他未能逃脫。他相信這座山會崩塌，但他不認為崩塌近在眼前。當那年青人急著跑回來，大聲呼叫「山崩了！」的時候，這老人正坐在小屋裡，滿心愜意地抽著煙斗。

老人不慌不忙地從座位上站起來，朝門外看了看，說：「我還有時間再抽口煙。」然後就回到了自己的屋子裡。年青人得救了。老人還沒跑出小屋就死在裏頭了。那屋子和它的屋主一同被壓碎，捲入山谷底。

一八八一年，我在英格蘭北部時，正遇上一場可怕的風暴席捲而來。我有個朋友在艾茅斯（Eyemouth）的一家教堂當牧師，當地的很多漁民都在這家教堂聚會。那段日子一直風雨交加，漁民們困在港口出不了海打漁已有一個星期。有一天，忽然太陽出來了，一片湛藍的天空。風暴似乎已過，船開始紛紛出港，駛向漁場。那天有四十一條船離開了港口。在漁民們出港之前，港務長掛出了風暴的信號，警告他們風暴即將來臨。他懇求他們不要出去，無奈他們無視他的警告，一走了之。他們看不出風暴即將來臨的的跡象。然而，幾個小時後，風暴便肆虐整個海岸綫，不幸的是，漁民中衹有極少人活著回來。每條船上有五六個人，船上幾乎所有的人都消亡在那場可怕的大風暴中。在我朋友擔任牧師的教會裡，最後僅剩下三個男性成員。

那些人早早地進入永恆，是因為他們無視警告。我現在舉起風暴的信號，警告你們逃避那即將到來的審判！

有個人住在一條主要鐵路干綫附近。幾年前的一天晚上，他看到有一堆泥石流落下，堵在火車軌道上。他看了時鐘，知道自己已經沒有時間跑電報局發電報叫夜間快車停下來，於是，他抓起一盞燈籠，開始沿軌道往火車來的方向跑，心想他還來得及用燈籠來警示火車剎車。跑著跑著，他摔了一跤，燈籠的燈也熄滅了。他身上沒有火柴，可他能聽到遠處火車駛來的聲音。一時間他不知如何是好。作爲最後一招，他站在軌道邊，等到火車離他足夠近時，用盡全力把燈籠扔向火車司機。火車司機看出一定出了什麼問題，接受警告，立刻剎車，結果火車停在距離障礙物僅僅幾碼的地方，幸免脫軌之禍。

現在，我就把破燈籠扔在你腳前！我懇求你要警醒，無論你付出什麼代價，與罪徹底斷絕關係。引以為戒！你必須放棄罪，否則你衹有放棄進天堂的希望。把自己放在蒙福之人的位置。立定心志，靠著神的恩典，你必將得勝。

> *惡人當離棄自己的道路，不義的人當除掉自己的意念。歸向耶和華，耶和華就必憐恤他；當歸向我們的神，因為神必廣行赦免。*（賽 55：7）

有關作者

德懷特・萊曼・慕迪（Dwight Lyman Moody）於一八三七年二月五日出生於美國麻州北田（Northfield）。慕迪才四歲，父親就去世了。留下他母親一人撫養九個孩子。慕迪十七歲那年，離家到波士頓謀生，成了一名推銷商。一年後，慕迪由他的主日學老師愛德華・金波（Edward Kimball）帶領，歸向耶穌基督。不久，慕迪離開波士頓，來到芝加哥。他在那裡開始自己教主日學。他二十三歲時，已經是一名很成功的鞋子推銷商，僅八個月就賺了五千美金，這在十九世紀中期是很大的一筆錢。然而，當他立志跟隨耶穌，他就放棄事業，投身於基督教事工。他當時的年薪僅三百美金。

慕迪不是被按立的牧師，但他是一位傑出的佈道家。亨利·瓦利（Henry Varley），一位英國的傳教士，曾告訴他，「慕迪，世界尚將試目以待神將如何使用一個完全奉獻給祂的人。」慕迪後來說，「靠神的幫助，我立志成為那個人。」

據估計，在他有生之年，沒有電視或廣播的幫助，慕迪旅行一百多萬英里，向一百多萬人佈道，並親自接觸過七十五萬多人。

慕迪死於一八九九年，十二月二十二日。

慕迪曾說過，「總有一天，你會在報紙上看到訃告，說北田東（East Northfield）的慕迪死了。你連一個字都不要信！那一刻，我比我現在更有活力。我會升得更高，就這樣——從這個老土墓，進入一座不朽的房子；有一個死亡無法觸及的身體，一個罪不能玷污的身體，一個像祂榮耀的軀體那樣被塑造的身體。一八三七年，我以肉體出生。一八五六年，我由聖靈而生。以肉體而生的將死去，由聖靈而生的將永遠活著。」

其他类似书籍

天路，慕迪

在基督里有生命。丰盛、喜乐、美好的生命。的确，主会管教祂所爱的人，我们也常常受到世界和魔鬼的试探。但是，如果我们知道如何跨越这种诱惑，来亲近耶稣基督的十字架，将眼目定睛在我们的主身上，那么，我们在地上和天上的奖赏，将比这个世界所能给的要好上百倍。

这本书写得很透彻。它生动地描绘了神的爱，剖析未得救之人灵魂的状态，解析耶稣基督在十字架上，为了我们的罪，做了什么。《天路》切实地审视了我们悔改和跟随耶稣的需要，并将希望带给我们，即那在天堂里永恒、喜乐的生命。

免费下载

慈声呼唤, 司布真

这是和你，读者，心贴心的对话。在这里检验并一个个地解决了每一个借口，理由，和对你来就近耶稣可能的障碍。如果你觉得你这个人很糟糕，或者你也许真的很糟糕而且你公开或隐秘地在罪中，你将发现，基督里的生命也是为你的。你可以拒绝得救因着信的信息，或者你可以选择在宣告了对基督的信仰之后却仍然过一个罪中的生活，但是你却不能为了你或为了他人来改变这个真理本身。因此，你和你的家庭应当来拥抱这个真理，占有它，并真正在今日也在永恒中得自由。来吧，接受这个神白白赐予的礼物，为了他而过一个得胜的生活。

免费下载

得胜的生命，慕迪

你是一名得勝者？或者，你很容易被雜七雜八的罪所捆綁？更糟糕的是，你是否正偏離基督徒的成聖道路，但卻拒絕承認並糾正？沒有一個基督徒可以拒絕呼召成為得勝者。世上的代價微乎其微，而永恆的獎賞是無法估量的。

德懷特・慕迪(Dwight L. Moody)是發掘我們問題的大師。他擅長用故事和幽默來揭示，作為成功的基督徒，什麼是其生活的基本原則。在得勝的方方面面，慕迪都是從實際的、容易理解的角度來解析。針對我們的問題，慕迪所提出的解決方案不是宗教、規則或其他外在的修正。相反，他把我們帶到問題的核心，即我們的內心，並且將聖經、神所賜的救藥來醫治每個基督徒的生命。讓我們做好準備，來迎接、擁抱今天的真正勝利和永恆的喜樂。

免费下载

十誡, 慕迪

現今的時代，十誡不是很合乎潮流。無神論者，對十誡嗤之以鼻，視為眼中釘。眾多的基督徒，也說十誡不合時宜。然而，德懷特・慕迪向我們挑戰，要我們仔細地審視一下十誡。十誡中，哪一誡，我們可以老老實實地說，不合時宜？十誡中，哪一誡，無論是當今還是永恆，我們可以不遵行而不食其果？

這本書，激勵你，以神的準則，來審度你的生活。神不會以我們做不到的事來為難我們，尤其當我們有耶穌基督為力量，以聖靈為引導。這本書，是對神最古老且家喻戶曉的話語，給以既激勵人心，又如飲甘露般的詮釋。

為基督而活, 慕迪

現今的教會，一切都安排得井然有序。音樂完美無瑕，證道預備完善、演講精彩，教堂內外精心裝飾，細心維護。人們來去積極準時。然而，教會卻缺少了一個基本要素。教會輕視了個人的需要——既真實的為基督而活；其結果是，只要極少數人能看到自己的生命影響世界。

德懷特・慕迪（Dwight L. Moody） 將我們帶入聖經深處，清楚地展現給我們：怎樣行才是為基督而活。每個基督徒的呼召，是要成為基督身體積極活躍的成員。每個基督徒活著的唯一目的，是愛神，愛我們的鄰舍。如果真是這樣，其結果將是天下全地，無論天涯海角，男女老少，定將獲得普世的救恩。

悔改, 萊爾

讓人放任自流，任由他們我行我素，那才是冷漠無情。正是愛，溫柔的愛，才會警告他們，並且高聲吶喊。那夜靜更深時突然發出的“火災！火災！”的喊聲，將一個正在熟睡的人驚醒，也許會聽起來很粗魯，嚴厲，甚至不近人情，但是，如果這吶喊聲拯救了他的生命，有誰會為此而抱怨呢？這句話，你們若不悔改，都要如此滅亡，初讀之下也許很冷酷無情，但是它們是愛的語言，而且也許正是那將寶貴的靈魂從地獄拯救出來的話語。

免费下载

www.ingramcontent.com/pod-product-compliance
Lightning Source LLC
Chambersburg PA
CBHW070722130626
46553CB00005B/2113
* 9 7 9 8 8 8 9 3 6 2 3 1 9 *